Afirmaciones Diarias Por Transformacion Espiritual Para Los Que Estan En Etapa De Recuperacion de Doce

Janice M. Mann

Afirmaciones Diarias Por Transformacion Espiritual Para Los Que Estan En Etapa De Recuperacion de Doce

Reconocimientos

Diseño de la portada original de Jennifer Valeri - 2012

Muchas gracias a Alison Strange extraño para revisiones de diseño gráfico.

Dedicación

Este libro está dedicado a todos aquellos seres espirituales teniendo una experiencia humana que he conocido, creado relaciones con, viajó a su lado, amado, perdido, perdonado, amado más y aprendido increíblemente poderosas lecciones de vida a lo largo de lado. Tu sabes quien eres. Somos seres espirituales eternos que trabajan en llegar a casa.

Notas

Janice M. Mann está disponible para los compromisos públicos de habla, entrenamientos motivacionales, seminarios o consultas privadas. Póngase en contacto con ella en Jan@JaniceMann.com. Usted puede seguir el trabajo de Janice yendo a www.janicemann.com y el registro de su correo electrónico con nosotros! Nos pondremos en contacto gracias a la conexión en nuestro sistema cuerpo-mente-espíritu de curación para que usted pueda disfrutar de los beneficios que ofrece!

Tabla de Contenidos

Introducción

La mayor parte de la sabiduría que he adquirido en mi vida ha salido de dolor emocional increíble, el asesoramiento o las habitaciones. Pasé años de abuso de drogas y el consumo excesivo de alcohol intentar adormecer mi dolor emocional. Sé cómo gastar de y la forma de comer en exceso. Hubo momentos en que tuve un deseo de muerte. Me gustaría tratar de encontrar la línea de la cordura, cruce sobre ella y la experiencia de que el espacio y luego volver a través de lo que pensé en ese momento era la cordura. Todo era una locura! Yo no sabía nada acerca de programas de 12 pasos. En mi comprensión muy limitada AA era un manojo viejos ancianos fumando mucho en una pequeña habitación en alguna parte. Yo nunca había oído hablar de NA que es donde mis fármacos de elección mentira! En mis veinte años, me enteré de una reunión en el hospital para las personas que tenían familiares alcohólicas. Se llamaba ACOA - Hijos Adultos de Alcohólicos. Fui un par de veces. Se desencadenó una gran cantidad de heridas sin cicatrizar. Negación me gritó que mi papá no era un alcohólico que sólo bebía mucho. Yo había reprimido los abusos en mi vida: emocional, física y sexual. Tenía tanta rabia vez le dije a mi terapeuta "que si hacíamos tapping mi rabia las paredes caían en su oficina." ¿Cómo profética!

Yo no tenía un nombre para la dinámica familiar. Simplemente tratamos de mantener todo junto que parecen tan "normal" como sea posible en condiciones insanas. Sin estrés allí! No tenía ni idea de cuánto de un adicto que era personalmente. No me parece que sea un problema a ser alta todos los días desde el momento en que me desperté a la vez que pasaba por la noche. Me fumo un recipiente antes de que yo salí de la cama. He mezclado drogas y alcohol a niveles tóxicos diariamente. Me podría alguien "partido fuera". Lo que sea. Yo estaba usando.

Conocí a una mujer en Boca Raton, Florida, que estaba en el programa y ella me llevó a las reuniones. Mi negación y el miedo eran demasiado grandes para ser conscientes de lo disfuncional que era. Ella me amaba lo suficiente como para ofrecer el don de las habitaciones podrían compartir conmigo. Mi ego y el miedo eran demasiado grandes como para aceptarlo.

Veinticinco años más tarde conocí a una mujer que hablaba en serio acerca de su recuperación. Me encantó que ella haga mucho y todavía. Ella me enseñó muchas lecciones en la recuperación, en la paciencia, el perdón y la compasión. Ella fue una de mis mejores maestros. Usted sabe quién es usted, por lo que cuando este libro se pone en sus manos, por favor, sabes que te adoro y te deseo lo mejor la vida tiene para ofrecerle. Muchas gracias!

He pasado mucho tiempo en el asesoramiento y en las habitaciones más de mi vida. Ha cambiado mi vida. Espero que va a utilizar este libro para su propia curación. Esa fue mi intención al escribirlo. Si usted está leyendo esto ahora, sepan esto: Esto no es una coincidencia. Ya está listo para lo que es el interior si sólo confía en el proceso. El Universo, también conocido como el poder superior, Dios, Fuente de energía, nuestro Creador ... puedes nombrarlo lo que se sienta cómodo - que ha llegado a este libro para ayudar a facilitar su crecimiento y amarte a ti mismo más. Se usa para ayudar a sanar! Léalo todo el año y mantenerlo. No tiene una fecha anual para que pueda ser utilizado desde hace mucho tiempo. Usted está en el lugar correcto, la lectura de la información adecuada para su viaje de sanación. Usted es un ser espiritual eterno teniendo una experiencia humana. Esto no está en casa. Bendiciones y Luz a su ahora y siempre!

Oraciónes

La Oración de la Serenidad

Dios, concédeme la serenidad para aceptar las cosas que no puedo cambiar, valor para cambiar las cosas que puedo y la sabiduría para conocer la diferencia. Vivir un día a la vez y disfrutar de un momento a la vez.

St. Francis Oración

Dios, hazme un instrumento de tu paz, para que donde haya odio, ponga yo amor; que donde hay mal, que yo lleve el espíritu de perdón; que donde hay discordia, que yo lleve la armonía; que donde haya error, ponga yo verdad; que donde hay duda, que yo lleve la fe; que donde hay desesperación, que yo lleve la esperanza; que donde hay sombras, que yo lleve la luz; que donde haya tristeza, ponga yo alegría. Dios, haz que yo pueda tratar de consolarlo en vez de ser consolada; para comprender, en lugar de ser entendida; al amor, en vez de ser amado. Porque por sí mismo olvidando que uno encuentra.

La Oración del Señor

Padre nuestro, que estás en los cielos

Santificado sea tu nombre

Venga tu reino Hágase tu voluntad

En la Tierra como en el cielo

Danos hoy nuestro pan de cada día

Y perdónanos nuestras deudas así como nosotros perdonamos a nuestros deudores

Y no nos dejes caer en la tentación

Pero líbranos del mal

Porque tuyo es el reino y el poder y la gloria

Para siempre jamás, amén.

Oraciones Por Los Doce
Pasos De Recuperación

Primera Oración Paso

Dios Creador, ahora puedo admitir que soy impotente ante mi adicción. Sé que mi vida es inmanejable. Yo trato de controlarla y el caos sucede. Ayúdame a entender el verdadero significado de conseguir y mantenerse limpio. Por favor, ayúdame a sanar a mí mismo.

Segunda Oración Paso

Fuente de Todo, ya no puedo vivir de la manera que he estado viviendo. No está funcionando. Necesito ayuda. Por favor ayúdame a restaurar mi cordura. Humildemente pido que retire todos los pensamientos que me hacen quiero usar. Sana mi espíritu herido. Restaurar mi mente. Aparta de mí todos los antojos de adicción y comportamientos auto repugnancia.

Tercera Oración Paso

Padre - Madre Dios, me ofrezco a tu Espíritu Sanación me restauración. Quiero sentirme conectado con Usted. Enséñame tus caminos para que yo pueda ser una persona sana cariñosa. Te pido que me enseñe cómo vivir en Su voluntad. Enséñame cómo manejar mis problemas de manera diferente para que pueda crecer en la confianza y el amor con tu Espíritu curación.

Cuarto Oración Paso

Querido Dios, te pido la fuerza para completar mi minucioso inventario moral audaz. He estropeado magníficamente. Necesito ayuda para hacer los cambios que necesito hacer. Dame la fuerza para hacer este paso. Frente a todos mis errores es incómodo. Voy a escribirlo todo y enfrentarse por fin.

Quinto Oración Paso

Dios de Todo lo que hay, tengo a través de la cuarta etapa! ¡Gracias! Ahora tengo que admitir mis errores y mala acción a otros. Esto va a ser embarazoso. Por favor, estar conmigo mientras yo hago esto porque tengo miedo de todos los sentimientos que se agitan ahora. Estoy tratando duro para trabajar este programa, pero me pongo miedo mucho. Déjame saber de alguna manera que son conmigo.

Sexto Oración Paso

Sanador de todos nosotros, necesito su ayuda en mis defectos de carácter. Veo que tengo un montón de ellos. Es abrumador! Entiendo que son obstáculos para mi recuperación. Ayúdame a seguir siendo honesto conmigo mismo. Ayúdame a permanecer humilde por lo que puedo aprender de este esfuerzo. Guíame a la conciencia espiritual.

Séptimo Oración Paso

Poder Superior, estoy dispuesto a confiar en usted más. Estoy pidiendo que ahora quita de mí cada defecto de carácter que tengo. Siento que hay tantos. No puedo hacerlo sin su ayuda. Por favor, dame la sabiduría para que pueda encontrar la fuerza dentro de mí!

Octavo Oración Paso

Querido Dios, ayúdame a hacer mi lista de todos los que he hecho daño. Soy responsable de mis errores. Gracias por todo lo que están haciendo que está haciendo mi vida mucho mejor. Dame la voluntad de iniciar el proceso de mi restitución.

Novena Oración Paso

Hola Dios, Te pido que me ayude a guiar con la actitud correcta para hacer mi paces ser consciente de no dañar a los demás en el proceso. Les pido su guía en la toma de las paces indirecta. He hecho daño a mucha gente. Me siento muy mal por ello. Ayúdame a perdonarme a mí mismo. Ayudar a los demás que me perdone. Gracias.

Oración Paso

Sagrada Fuente de Energía, Gracias por amarme! Por favor, ayúdame a crecer en la comprensión de mí mismo y de los demás. Ayúdame a aprender todas las cosas que el programa me dice que tengo que aprender a hacer. Ayúdame a ser consciente para corregir errores cuando los hago y hago responsable de mis acciones. Ayúdame a cambiar mis actitudes y comportamientos negativos y contraproducentes para una mentalidad de abundancia. Ayúdame a hacer los cambios que necesito hacer cuando tengo que hacerlos. Gracias.

11 Oración Paso

Dios, ayúdame a mantener mi conexión con Usted abierta y clara. Muéstrame el camino cuando yo no lo sé. Ayúdame a tratar con auto voluntad, racionalización y una ilusión. Cuando me siento conectado a ti Me siento más fuerte y con más confianza. Gracias por eso. Tengo que aprender a hacerlo a tu manera y no la mía. Viste donde mi mejor pensamiento me hizo! Gracias de nuevo por tu presencia en mi vida.

12 Oración Paso

Sagrado Espíritu, te doy gracias porque mi despertar espiritual continúa. Estoy muy agradecido por toda la ayuda que me has dado! Les pido que me dé fuerza y sabiduría interior para practicar los principios de mi programa en todo lo que hago y digo. Voy a seguir trabajando en mí con su ayuda. Guía mi camino en el amor y la luz

Notas

Las Promesas de AA

1. Si nos esmeramos acerca de esta fase

   de nuestro desarrollo, nos sorprender
   antes de que estemos a mitad de camino a través.

2. Vamos a conocer una nueva libertad y
   una nueva felicidad.

3. No lamentaremos el pasado ni
   desearemos cerrar la puerta en ella.

4. Vamos a comprender la palabra
   serenidad y conoceremos la paz.

5. No importa lo lejos abajo de la escala
   hemos ido, veremos cómo nuestra experiencia
   puede beneficiar a otros.

6. Ese sentimiento de inutilidad y la
   autocompasión desaparecerá.

7. Vamos a perder interés en cosas egoístas y
   tener interés en nuestros compañeros.

8. Auto-búsqueda se escapaba de las manos.

9. Toda nuestra actitud y perspectiva

sobre la vida cambiarán.

10. El temor de las personas y de la
inseguridad económica nos dejará.

11. Vamos a intuitivamente saber cómo
manejar situaciones que antes nos
desconciertan.

12. De pronto nos daremos cuenta de que
Dios está haciendo por nosotros lo que

no podíamos hacer por nosotros mismos.

¿Son estas promesas extravagantes?

Nosotros no pensamos.

Ellos se están cumpliendo entre nosotros   -a
veces rápidamente, a veces lentamente. Ellos siempre
van a materializarse si trabajamos para ellos.

Páginas de Alcohólicos Anónimos 83-84

LOS DOCE PASOS DE ALCOHOLICOS ANONIMOS

1. Admitimos que éramos impotentes ante el alcohol, que nuestras vidas se habían vuelto inmanejable.

2. Llegamos a creer que un Poder superior a nosotros mismos podría devolvernos el cordura.

3. Decidimos poner nuestras voluntades y nuestras vidas al cuidado de Dios, como nosotros Él entiende.

4. Hicimos un minucioso inventario moral de nosotros mismos.

5. Admitimos ante Dios, ante nosotros mismos y ante otro ser humano la naturaleza exacta de nuestros defectos.

6. Estuvimos enteramente dispuestos a dejar que Dios nos liberase de todos estos defectos de carácter.

7. Humildemente le pedimos que nos liberase de nuestros defectos.

8. Hicimos una lista de todas aquellas personas a quienes habíamos ofendido y estuvimos dispuestos a modifica a todos ellos.

9. Reparamos directamente a cuantos nos fue posible, excepto cuando el hacerlo por lo implicaba perjuicio para ellos o para otros.

10. Continuamos haciendo nuestro inventario personal y cuando nos equivocá bamos lo inmediato admitido.

11. Buscamos a través de la oración y la meditación mejorar nuestro contacto consciente con Dios, como nosotros lo concebimos, pidiéndole solamente conocer su voluntad para con nosotros y el poder para cumplirla.

12. Habiendo obtenido un despertar espiritual como resultado de estos

pasos, tratamos de llevar este mensaje a los alcohólicos y de practicar estos principios en todos nuestros asuntos.

Derechos de Autor _ A.A. World Services, Inc.

Enero

1 de Enero

Actitud

Este es el comienzo del Año Nuevo! Voy a tener una actitud positiva para este año. Estoy dejando atrás el pasado y todo su equipaje. Estoy empezando fresco. Hoy es el primer día del resto de mi vida. Conscientemente voy a hacer el esfuerzo de cambiar mi forma de pensar de una mentalidad de pobreza a una mentalidad de abundancia! Voy a empezar de nuevo cada día llevar a una actitud de gratitud conmigo durante todo el día!

Afirmación: Hoy en día, soy capaz y digno! Elegir tener posibilidades ilimitadas de este año!

Lema: Deja ir las viejas ideas.

2 de Enero

Gratitud

Una actitud de gratitud es una bendición en sí mismo. Tenemos un cambio interno más nos damos cuenta de nuestras razones para estar agradecidos. Nuestros corazones se abren más en recibir los regalos que ponen ante nosotros. Encontramos que la sanidad está en curso cuando aceptamos las bendiciones que tenemos cada día. La gratitud nos ayuda a encontrar y apreciar la belleza en todas las situaciones. Cuando podemos estar agradecidos por nuestras experiencias de aprendizaje que sabemos que hemos llegado a la gratitud.

Afirmación: Hoy, elijo agradecido por todo lo que es una parte de mi vida!

Lema: Trate de sustituir la culpabilidad de gratitud.

3 de Enero

Curación

La curación ocurre cuando me permitirá lo divino dentro de mí tener un papel activo en mi vida. Cada día nuevos milagros suceden. Tengo que permitir que mi Poder Superior que me ayude a sanar a mí mismo ver los cambios dentro de mí. Los cambios van a suceder en el momento adecuado, en el lugar correcto y con las personas adecuadas. La curación es un increíble viaje de amor!

Afirmación: Hoy en día, me doy permiso para sanar y esperamos que los próximos días.

Lema: Nosotros somos responsables por el esfuerzo - no el resultado.

4 de Enero

Los Resentimientos

Los resentimientos nos consumen internamente. El aferrarse a los resentimientos es como tomar veneno y esperar que la otra persona a morir. Somos los únicos heridos en esta situación. No le de espacio libre a la energía de otras personas en sus procesos de pensamiento. Nadie tiene el derecho a tener un espacio en mi mente, a menos que les dejo. Los resentimientos por lo general provienen de expectativas que no se cumplieron. Aprenda esto rápidamente por lo que será capaz de perdonar a los demás y encontrar su serenidad.

Afirmación: Hoy, elijo dejar de lado todos mis resentimientos y permitir que la paz esté presente en mi vida.

Lema: La adicción es un destructor de la igualdad de oportunidades.

5 de Enero

Vergüenza

La vergüenza es una emoción dolorosa causada por un fuerte sentimiento de culpa, vergüenza, falta de mérito o desgracia. Es un reconocimiento de ser conscientes de que hemos hecho algo poco ético. La vergüenza nos hace sentir menos de lo que somos. Tenemos todos los errores cometidos en nuestro viaje. Es importante aprender de nuestros errores y tomar la lección con nosotros. No necesitamos para llevar a la vergüenza con nosotros en el momento presente. Tenemos que perdonarnos a nosotros mismos por nuestras acciones.

Afirmación: Hoy, me rindo mis problemas de vergüenza a mi Poder Superior que me ayude restaurar la serenidad en mi vida.

Lema: Dios: Buena Dirección Ordenada

6 de Enero

La Ira

La ira es un síntoma de algo más profundo. La ira por lo general proviene de heridas. A menudo se siente más fácil de manejar nuestras heridas si desplazamos a la ira. Nos sentimos menos vulnerable en la ira que en heridas. Tenemos que ser conscientes de que estamos sintiendo la ira. Tenemos que seguir con la sensación de que el tiempo suficiente para averiguar lo que está provocando la misma. Entonces podemos liberar nuestro enojo de una manera saludable. ¿Puedes mirar a un tema que involucra la ira y ver si hay heridas debajo?

Afirmación: Hoy, me dejo llevar por mi enojo y llenar ese espacio con el amor.

Lema: En caso de duda - no lo hagas!

7 de Enero

Miedo

El miedo significa evidencia falsa que parece real. Algunos temen es saludable. Sin embargo, miedo irracional no es saludable porque reaccionamos en lugar de responder cuando estamos en un estado de miedo basado en la mente. El miedo nos hace aguantar más, y no seguir adelante. Nos hace ser cada vez más restringido. Se requiere un esfuerzo extra para evitar situaciones que provocan ansiedad. Entreguen sus temores a su Poder Superior. ¿De qué manera el miedo te detenga en tu vida hoy?

Afirmación: Hoy, elijo la fe sobre el miedo.

Lema: Si usted no toma la oportunidad que usted no tiene uno!

8 de Enero

Culpa

La culpa es una emoción inútil cuando se queda y se encona en nosotros. Es uno de los obstáculos más comunes en recuperación. Auto - odio es una forma de culpa que causa dolor emocional incalculable. Esto ocurre cuando tratamos de perdonarnos a nosotros mismos, pero no nos sentimos perdonados. Culpabilidad sana nos motiva a cambiar nuestras acciones y palabras. La culpa no saludable nos hace pensar menos de nosotros mismos y vencer a nosotros mismos. Hacer las paces como sea necesario y luego entregar su culpabilidad a su Poder Superior.

Afirmación: Hoy, me entrego todos mis sentimientos de culpa a mi Poder Superior de manejar.

Lema: Si no dejo ir pierdo mis manos!

9 de Enero

Serenidad

La meta de nuestra vida es vivir en paz y serenidad. No hubo oportunidad para que la serenidad en nuestra vida cuando nos estábamos usando. Estábamos demasiado ocupados haciendo nuestras vidas ingobernables. A veces es incómodo en el comienzo del programa porque sensación serena es inusual. Auto sabotaje se ha sabido para suceder porque estamos acostumbrados a nuestras elecciones disfuncionales y sentimos más cómodos en ellos en el inicio de la recuperación. Dése el regalo de la serenidad.

Afirmación: Hoy voy a trabajar mi programa confiando en que mi Poder Superior me está guiando a la serenidad.

Lema: No somos SERES humanos haceres humanos.

10 de Enero

Esperanza

La esperanza se puede definir como la sensación de que lo que se quiere se puede tener o que los acontecimientos van a salir mejor. En la recuperación, miramos hacia la esperanza de una nueva vida libre de adicciones con un programa de recuperación espiritual que funciona si trabajamos ella. Esto significa que tenemos que hacer nuestra parte. No sólo sucede. funciona si usted lo trabaja! Debemos creer que un Poder superior a nosotros mismos pueden y devolvernos el sano juicio. Los pasos dos y tres nos ayude a pasar gradualmente de la desesperación y en esperanza.

Afirmación: Hoy, elijo a la esperanza para mi futuro sea saludable, amorosa y exitosa.

Lema: Los resultados están en manos de Dios.

11 de Enero

La Fe

La fe es creer que algo es cierto, sin evidencia que lo respalde. La fe es confiar en mi Poder Superior que me guía a través de la tormenta y creer voy a conseguir a través de la tormenta bien. Tengo fe en que puedo aprovechar mi valor para hacer los cambios necesarios para mantenerse limpio. Mi Poder Superior está en control. La fe es lo contrario del miedo. La fe dice "yo puedo" y "Lo haré"! Poner Paso tres y nuestra fe a trabajar en nuestra vida diaria nos da la fuerza y el coraje que necesitamos. Aproveche que la fe y confiar simplemente pidiendo la ayuda de Dios.

Afirmación: Hoy, elijo tener una fe activa en mi programa de recuperación espiritual. Yo soy un trabajo en progreso!

Lema: Cuenta tus bendiciones!

12 de Enero

Amor

El amor es una emoción de un afecto y el apego personal. El amor es una virtud que representa todo humana bondad, la compasión, y afecto. Tenemos que aprender a amarnos a nosotros mismos antes de que podamos afirmar que amar a los demás. Debemos aprender que nuestro Poder Superior nos ama incondicionalmente. Muchos de nosotros hemos tenido hogares disfuncionales donde faltaba el amor. En el programa, que compartimos el amor unos con otros como medio de curación de nosotros mismos. Es un ajuste para nosotros aceptar que somos amados incondicionalmente.

Afirmación: Hoy, elijo amar a Dios, a mí mismo y amar a los demás.

Lema: En primer lugar me llegó, y luego vine a y finalmente llegué a creer!

13 de Enero

El Perdón

El perdón comienza conmigo. Tengo que elegir a perdonarme por todos mis errores, malas decisiones y mal juicio. Tengo que hacer las paces cuando sea necesario para estas acciones ya que soy capaz. El perdón me da la oportunidad de hacer cambios en mi vida interna como externamente.

Afirmación: Hoy, elijo perdonar a los que me siento que me han herido.

Lema: Para ser perdonado debemos perdonar!

14 de Enero

Inquietud

La ansiedad nos hace estar estresado. Nos decimos estas historias acerca de cómo las cosas van a suceder. Más a menudo que no suceden de la forma en la que imaginamos. Tenemos que aprender a crear afirmaciones positivas en lugar de pensamientos negativos que nos causan ansiedad.

Afirmación: Hoy, elijo para apagar las voces ansiosas en mi mente.

Lema: Usted no está solo!

15 de Enero

Coraje

El valor es la capacidad de enfrentar el miedo, el dolor, el peligro, la incertidumbre, o intimidación. Coraje significa talar el miedo y hacerlo de todos modos. Se necesita valor para cambiar en la recuperación. Es un un día a un esfuerzo de tiempo. Hay días que es un minuto a minuto en un esfuerzo de tiempo. Tenemos que llegar a lo profundo dentro de nosotros mismos para aprovechar nuestro coraje.

Afirmación: Hoy, voy a encontrar el valor para cambiar mi vida.

Lema: Si no crecemos tenemos que irnos!

16 de Enero

Actitud

La actitud es un estado consciente de la mente. Tenemos la oportunidad de elegir si queremos tener un positivo o una actitud negativa. Estamos en el control de nuestros pensamientos. Tenemos la oportunidad de sentir la bondad dentro de nosotros si queremos pensando positivo. Es totalmente de nosotros. Nadie puede hacer que tengamos una mala actitud.

Afirmación: Hoy, elijo tener una actitud de gratitud! ¡Estoy bendecido!

Lema: Un día sin sol es como la noche!

17 de Enero

Aprobación

La aceptación nos permite ver las cosas de una forma de pensar diferente. Podemos aceptar que tenemos adicciones y necesitamos ayuda. Podemos aceptar que podemos hacer los cambios que necesitamos para hacer un día a la vez. Debemos aceptar que no todo va a seguir nuestro camino. Podemos aceptar que el cambio va a venir. Aceptación trae serenidad en nuestras vidas.

Afirmación: Hoy, acepto que soy un niño divino del Creador y que estoy incondicionalmente amado.

Lema: Cuando todo lo demás falla - seguir las instrucciones!

18 de Enero

Misericordia

La compasión es una respuesta que viene del amor que está dentro de nosotros. La compasión no estaba en nuestro vocabulario cuando estábamos usando. Como somos capaces de ser más amables con nosotros mismos nos daremos cuenta de que somos más compasivos con los demás. Ir dentro y encontrar su compasión hoy.

Afirmación: Hoy, voy a elegir ser más compasivo con los demás.

Lema: Algunos de nosotros estamos más enfermos que otros.

19 de Enero

Pena

El duelo duele. Duele dentro de nosotros. Hay mucho que lamentar en nuestro proceso de curación. Lloramos nuestras adicciones. Lloramos nuestras pérdidas. Lloramos dejando a nuestros antiguos compañeros. Lloramos las relaciones que destruimos, mientras que en la adicción activa. Tenemos que sentir el dolor y dejar que se mueva a través de nosotros. Esto también pasará.

Afirmación: Hoy, elijo aceptar el dolor en mi vida y lo siente. Yo sé que va a pasar a través de mí y lejos en el tiempo.

Lema: Sin Dios - no hay paz. Conocer a Dios - encontrar la paz.

20 de Enero

Autoestima

Nuestra autoestima fue baleado por el tiempo que nos tocado fondo. Ahora podemos empezar a reconstruirlo en nuestra vida un día a la vez. Nuestro Poder Superior nos ama y nos ayudará a sanar nuestras heridas. Cada mirada días para un cambio positivo en su vida. Haga una lista de cosas positivas sobre ti mismo para escribir una reseña de los días difíciles.

Afirmación: Hoy, elijo sentirme mejor conmigo mismo. Soy un hijo amoroso de Dios. Soy amado.

Lema: Vamos a amarte hasta que aprendas a amarte a ti mismo.

21 de Enero

Confianza

La confianza toma años para crear y segundo para romper. Confiar en nuestro Poder Superior requiere práctica. Confiar en nosotros mismos comienza como un trabajo en nuestra mente. Otros Confiar deben ser ganados por sus acciones. La confianza es fundamental para la curación y el crecimiento. Empezamos en un momento en el día y trabajamos hasta un día a la vez.

Afirmación: Hoy, elijo ser digno de confianza a mis amigos y familia en mis pensamientos y acciones.

Lema: No hay ateos en las trincheras.

22 de Enero

Fuerza

Fuerza es más que levantar cajas pesadas. La fuerza interior viene de hacer las decisiones difíciles y hacer lo correcto cuando sería tan fácil para elegir de manera diferente. La fuerza viene de decir "no" hoy a la adicción que ha estado activo durante tanto tiempo.

Afirmación: Hoy, elijo aprovechar mi fuerza interior sobre el miedo. Soy lo suficientemente fuerte como para pedir ayuda si la necesito.

Lema: El cambio es un proceso, no un evento.

23 de Enero

Oración y Meditación

La oración y la meditación son fundaciones en crear y vivir una vida espiritual y una vida de una recuperación exitosa. Hablando con mi Poder Superior me ayudará a empezar a crear la paz interior. Al enterarse de que estoy incondicionalmente amado por Dios es un viaje en la aceptación.

Afirmación: Hoy, elijo pasar tiempo en la oración y la meditación o la búsqueda de conocimiento de la voluntad de Dios para mí y el poder para cumplirla.

Lema: Tratar de orar es orar!

24 de Enero

Servicio

Ayudar a los demás lleva nuestra atención fuera de nosotros mismos. Nos da una buena sensación en el interior de nuestras propias acciones. Cada vez que me siento deprimida tengo que ir a ayudar a alguien y me voy a sentir mejor! El servicio a los demás es un gran conjunto de habilidades para tener en el viaje de la vida. La alegría en sus rostros muestran su gratitud por nuestras acciones.

Afirmación: Hoy, voy a encontrar tiempo para ofrecer algún servicio a otra persona. Voy a dar de mi tiempo y talentos libremente y con amor.

Lema: Si estoy realmente agradecido por hoy estoy haciendo un pago inicial para mañana!

25 de Enero

Negación

La negación es una habilidad de supervivencia que aprendimos temprano en la vida. Se atrofiado nuestro crecimiento emocional por dejarnos vivir en la no realidad. Nos protege de nuestros sentimientos y nuestro dolor. Ahora es el momento de aceptar la verdad de nuestras vidas. La negación ya no nos sirve. Debemos buscar la verdad en todas las situaciones.

Afirmación: Hoy, elijo entregar mi negación a mi Poder Superior. Estoy abierto a la búsqueda de la verdad.

Lema: El cambio es un proceso, no un evento!

26 de Enero

Paso Uno

Este es el comienzo de una nueva forma de vida! En el Paso Uno, Admitimos que éramos impotentes ante nuestra compulsión y la adicción. Admitimos que nuestras vidas se habían vuelto ingobernables para nosotros. Nos dimos cuenta que no podíamos superar nuestra adicción por nuestra cuenta. Admitimos que necesitábamos ayuda de alguna manera, en algún lugar, y de alguna manera. Algunos de nosotros hemos sido arrestado varias veces. Otros han estado entrando y saliendo de los hospitales psiquiátricos y programas de pacientes. La mayoría de nosotros no tenía adónde ir, sino hacia arriba. Los divorcios estaban sucediendo. Los niños estaban siendo quitados. No teníamos auto respeto izquierda. Habíamos vendido algo a

lo largo de la carretera.

Afirmación: Hoy, elijo para comenzar una nueva forma de vida. No tengo idea de lo que estoy haciendo lo que tengo que contar con.

Lema: Usted es exactamente donde Dios quiere que usted sea!

27 de Enero

Bondad

En la recuperación temprana, tenemos hambre de la gente a ser amable con nosotros y al mismo tiempo se sienten incómodos cuando nos muestran la bondad. Es difícil de aceptar cuando no nos amamos a nosotros mismos. Cuanto menos enojados que estamos con el mundo es más probable que han de ser amable con los demás.

Afirmación: Hoy, elijo crear un camino de bondad donde quiera que vaya. Voy a hacer un punto para ser amable, especialmente a aquellos que no están actuando tipo.

Lema: Que tengas un buen día, a menos que haya hecho otros planes!

28 de Enero

Preocuparse

La preocupación es otro término para el pensamiento basado en el miedo. La preocupación nos ha inventando historias de miedo basado sobre lo que es o no va a suceder en el futuro. Es un desperdicio de energía. Debemos renunciar a nuestra preocupación a nuestro Poder Superior. Es importante permanecer en el momento presente y no proyectar nuestros miedos hacia el futuro.

Afirmación: Hoy, elijo dejar ir y dejar a Dios. La preocupación no es

Lema: Tuvimos que dejar de jugar a ser Dios.

29 de Enero

Auto Cuidado

El autocuidado es fundamental en nuestro proceso de recuperación. Tratar bien a nosotros mismos es una idea nueva para muchos de nosotros. El autocuidado implica amarnos a nosotros mismos, el asegurarse de obtener suficiente descanso y relajación, haciendo el siguiente lo correcto comer bien, ir a la consejería y al ver que nuestro cuerpo, mente y espíritu son alimentados de forma saludable.

Afirmación: Hoy, elijo tomar quince minutos a solas con mis pensamientos.

Lema: La rebelde comienza cuando la rodilla flexión paradas!

30 de Enero

Integridad

La integridad es un concepto de la coherencia de las acciones, valores, métodos, medidas, los principios, las expectativas y los resultados. Es ser honesto cuando nadie está mirando. Integridad implica prácticas cotidianas de la honestidad rigurosa. Su integridad será visto y notado por otros en las acciones que toma. ¡Escoge sabiamente!

Afirmación: Hoy, elijo ser honesto conmigo mismo y con los demás, no importa cómo a pesar de que puede haber.

Lema: Si funciona - no lo arregles!

31 de Enero

Honestidad

No había lugar para la honestidad en la adicción activa. Es un ajuste a decir la verdad. Compartiendo nuestra vergüenza, la culpa y la vergüenza y lugares somos vulnerables es esencial en el trabajo de nuestro programa de recuperación. La verdad debe salir. Debemos enfrentar la realidad de nuestras vidas.

Afirmación: Hoy, voy a ser honesto en todas las situaciones, incluso cuando tengo miedo.

Lema: CÓMO: Honestidad - Apertura - Disposición

Febrero

01 de Febrero

Obstáculos

Los recién llegados a menudo se encuentran con obstáculos. Uno de los obstáculos más comunes es creer en un poder superior a nosotros mismos ya existente. Dudamos que se aplica a nosotros debido a nuestra propia auto-odio. Podríamos resistir la idea de que existe la presencia sanadora de un Poder Superior. Esto puede causar un gran conflicto dentro. No podemos entender algo, por no hablar de Dios, nos podría amar incondicionalmente. ¿Cómo podría conseguido amarnos cuando ni siquiera nos amamos a nosotros mismos?

Afirmación: Hoy, elijo creer en un Poder Superior que me ama incondicionalmente y que este Poder está guiando mi vida.

Lema: Nada es tan malo que un medicamento no lo hará peor!

2 de Febrero

Inventario Moral

Paso Cuatro estados que tenemos que hacer un minucioso inventario miedo de nosotros mismos. Esto incluye nuestro inventario moral. Debemos mirar dentro de nosotros mismos y encontrar nuestros defectos de carácter y nuestras fortalezas. No podemos seguir adelante hasta que hemos trabajado este paso. Se puede trabajar una y otra vez cuando sea necesario como cuestiones aparecen.

Afirmación: Hoy, me rindo mi ego a mi Poder Superior para que pueda admitir humildemente mis carencias y defectos de carácter.

Lema: Sé parte de la solución, no el problema!

3 de Febrero

Paso Dos

El siguiente paso en nuestro proceso de curación está llegando a creer que un Poder superior a nosotros mismos podría devolvernos el sano juicio. Esta es una pregunta difícil para algunos de nosotros. Esto significa que tenemos que trabajar alrededor en nuestra cabeza para creer que podemos llegar a ser el pensamiento sano y claro. Significa que tenemos que creer en algo más grande que nosotros. ¿Qué es un Poder superior a nosotros? Puede ser cualquier cosa que usted necesita que sea. Puedes llamarlo como quieras llamarlo y definir la manera que usted desea. Sólo tenemos que reconocer que no somos un pensamiento claro y sano. Es triste decir que algunas de nuestras mejores ideas nos trajo hasta aquí.

Afirmación: Hoy, elijo creer que un Poder superior a mí me puede devolvernos el sano juicio.

Lema: Esperar Milagros

4 de Febrero

Enmienda

La mayoría de nosotros senderos de destrucción dejado en nuestro pasado. Nos perjudicamos a sus seres queridos que se puso en nuestro camino. Tenemos que hacer las paces con esa gente de una manera que no perjudique aún más. No necesitan nuestros datos desordenados. Nuestra sinceridad y la autenticidad es lo que necesitan para ver y sentir. Pregunte a su patrocinador para un poco de ayuda en la creación de estrategias para hacer su paces.

Afirmación: Hoy, voy a hacer las paces con los que puedo sin causar más daño a ellos.

Lema: Pero por la gracia de Dios.

5 de Febrero

Humildad

Humildad significa que nos esforzamos por conocer nuestros defectos de carácter y sin subestimar ellos y nuestros puntos fuertes y sin exagerar ellos. Honestamente aceptamos lo que somos. Tenemos una idea clara de nosotros mismos y nos damos cuenta que no podemos hacerlo solos. Sabemos que necesitamos nuestro Poder Superior como una fuente de fortaleza.

Afirmación: Hoy, elijo ver mis errores como situaciones de aprendizaje.

Lema: Un día a la vez!

06 de Febrero

Decepción

Cuando nos encontramos decepcionados estamos a menudo frustrado por las cosas no van como queríamos que fueran. Esto sucede en la vida. Debemos entregar nuestra vida y nuestra voluntad a Dios de nuestra comprensión y aceptar que es lo que es. Optar por no dejarse arrastrar a la autocompasión.

Afirmación: Hoy, elijo a buscar el entendimiento. Yo sé dónde encontrarlo.

Lema: Dejar ir y dejar a Dios

7 de Febrero

Actitud

Mentalidad de pobreza es ver las situaciones en su vida como más negativa que positiva. Es elegir a ver el lado oscuro de las situaciones. Esto no nos sirven bien. Debemos optar por ver el lado positivo de todas las cosas para que podamos prosperar. Una mentalidad de pobreza no puede ayudarnos a crecer. Nos hace falta. Es una señal de que usted no está confiando en su Poder Superior para pedir ayuda.

Afirmación: Hoy, elijo renunciar a la miseria como una opción en mi vida!

Lema: Seguir con los ganadores!

8 de Febrero

Depresión

Muchos de nosotros sufrimos de depresión. Empezamos a aislar y extrañamos reuniones cuando nos deprimimos. La desesperación se vuelve frecuente y la recaída es probable. Asegúrese de estar en contacto con su patrocinador, otros amigos en el programa y su médico para ayudarle a tratar esta enfermedad debilitante. Practicamos la aceptación de que estos sentimientos pasará en el tiempo. Oramos por fortaleza para trabajar a través de nuestro proceso.

Afirmación: Hoy, elijo ser un participante activo en mi recuperación. Voy a pedir ayuda cuando lo necesito.

Lema: Se elige un adicto a encontrar a Dios.

09 de Febrero

Llenando el Vacío

Cuando estábamos en la adicción activa que nunca pudimos conseguir suficiente- dinero, las drogas, el alcohol, el sexo, la comida, los juegos de azar o cualquier otra cosa! El exceso no fue suficiente! Nunca podríamos llenar el vacío dentro de nosotros. Nos ha faltado el poder para llenar nosotros mismos. Eso depende de nuestro Poder Superior a llenar nosotros con amor. Recuerde que el amor crece cuando se comparte. Para mantener el amor que debemos dar a la basura.

Afirmación: Hoy, acepto que no puedo llenar mi vacío con las cosas. Me volveré a mi Poder Superior para ayudarme a ser lleno de amor.

Lema: Esto también pasará!

10 de Febrero

Tolerancia

Hay días en que no tiene ganas de ser tolerante con los demás y sus defectos de carácter. Hay momentos en grupo cuando queremos juzgar a los demás en lugar de ser la aceptación de dónde se encuentren en su camino. Centrándose en los principios de amor y aceptación le hará la vida más fácil. Recuerde que usted también tiene defectos de carácter y puede ser irritante para los demás. Por lo general, no trabajamos en nuestros defectos de carácter hasta que llegamos a ser dolorosamente consciente de ellos.

Afirmación: Hoy, elijo ser comprensivos con los demás.

Lema: De la oscuridad viene la luz!

11 de Febrero

Saber

La sabiduría se puede definir como el conocimiento de lo que es verdad o hacia la derecha junto con el juicio razonable en cuanto a la acción. La sabiduría no viene con la edad, pero con la experiencia. Sabiduría dice que tómate tu tiempo y comprobar una situación antes de saltar sin pensarlo bien. En la recuperación, ganamos la sabiduría y la visión mediante la observación de nuestras acciones y decisiones y otras acciones y elecciones. El discernimiento es un subproducto de la sabiduría. El discernimiento le permite tomar decisiones con la comprensión de la experiencia al elegir sabiamente.

Afirmación: Hoy, elijo a escuchar mi Inteligencia Interior.

Lema: Es más fácil mantenerse limpio que conseguir limpio.

12 de Febrero

Inseguridad

Inseguridad asoma su fea cabeza cuando permitimos que el miedo y la falta de autoestima para hacerse cargo de nuestra mente. La falta de autoestima nos hace sentir indigno e inaceptable. Es entonces cuando la inseguridad aparece a correr furiosamente en nuestra mente. Tenemos que aprender a controlar nuestros pensamientos. Tenemos que aprender a renunciar a nuestros miedos, al convertirlos a nuestro Poder Superior y otra vez. Nosotros parecemos darles la vuelta y luego llevarlos de vuelta. Es una disciplina para aprender sobre el manejo de nuestras mentes de manera diferente. Podemos hacerlo si hacemos el esfuerzo!

Afirmación: Hoy, sé que puedo manejar mis retos con la ayuda de mi Poder Superior.

Lema: Soy un ego maníaco con un complejo de inferioridad.

13 de Febrero

Defectos de Carácter

El sexto paso nos pide que estar dispuestos a dejar de lado nuestros defectos de carácter. Defectos de carácter se crean cuando no permanecemos fieles a nosotros mismos. Algunos defectos de los personajes son la autocompasión, la deshonestidad, la falta de integridad, egocentrismo, la codicia, la autojustificación, la arrogancia, la pereza, la perfección, la intolerancia y el miedo al cambio. Todos ellos implican cómo las cosas no están funcionando para nosotros por las elecciones y el lugar "provienen de" elegimos.

Afirmación: Hoy, mi crecimiento espiritual es mi prioridad. Me entrego todos mis defectos de carácter a mi Poder Superior.

Lema: Deja de regar las malas hierbas!

14 de Febrero

Agradecimiento

Todas las mañanas, hacer una lista de las cosas y las personas que están agradecidos de tener en su vida. Esto se puede hacer en su mente o en papel. Lleve un registro de todas las bendiciones que tiene para que cuando un desafío aparece en el horizonte que tendrá un poco de perspectiva sobre la forma de manejar la situación! No es posible estar agradecido y negativo al mismo tiempo. Elija gratitud!

Afirmación: Hoy, estoy agradecido en mi camino hacia la recuperación. Estoy agradecido de tener una vida abundante!

Lema: Lo que va, vuelve.

15 de Febrero

Impotencia

En el paso uno, tenemos que admitir que somos impotentes ante nuestra adicción y que nuestras vidas se han vuelto ingobernables. Esta no es una decisión fácil de tomar. La mayoría de nosotros hemos tenido que tocar fondo en varias ocasiones para llegar a este estado de ánimo. Es fundamental para encontrar la aceptación de estos dos puntos: la impotencia y la ingobernabilidad. Es difícil admitir que tenemos rasgos obsesivos y comportamientos autodestructivos. Es un compromiso continuo que admitir que estamos en necesidad de ayuda y solicitar a nuestro Poder Superior que nos ayude. En algún momento llegamos a la aceptación que nosotros necesitamos ayuda y pedir esa ayuda. Eso, de hecho, comienza el primer paso!

Afirmación: Hoy, elijo aceptar mi impotencia y pedir mi Poder Superior que me ayude a sanar a mí mismo.

Lema: Vivir en el AHORA!

16 de Febrero

Auto Cuidado

Es importante que tomemos un mejor cuidado de nosotros mismos. Esto incluye nuestra atención física de nosotros mismos. Conseguir una buena noche de sueño es esencial para responder, en lugar de reaccionar, a la vida en términos de la vida. Descanso y relajación son excelentes formas de autocuidado para que aprendamos. En la adicción activa, no parecía importar si tenemos el sueño en absoluto. Muchos de nosotros tuvimos la teoría "Voy a dormir cuando estoy muerto." La vida era sólo una gran fiesta toda la noche. Ahora es el momento de darnos un capricho más amable y gentil. La vida parece mucho más fácil de manejar con el sueño de una noche de y un momento de relajación constante en nuestras vidas.

Afirmación: Hoy, elijo disfrutar y apreciar mi vida. Voy a hacer los arreglos necesarios para tener tiempo para relajarse y dormir bien.

Lema: Sufrimos para curarse.

17 de Febrero

Soberbia

Se ha dicho que el orgullo va antes de la caída. El orgullo puede ser definida como una opinión alta o excesiva de la propia dignidad, importancia, mérito, o superioridad, ya sea como acariciado en la mente o como se muestra en la conducta. Cuando nos encontramos en el falso orgullo que estamos viviendo una mentira. Debemos ser rigurosamente honesto para hacer los cambios de transformación espiritual que necesitamos. No hay lugar para el orgullo en la honestidad rigurosa. Hay espacio para la humildad.

Afirmación: Hoy, elijo a entregar mis problemas de falso orgullo y vivo en la humildad y la gracia.

Lema: Nos rendimos a ganar!

18 de Febrero

Rechazo

Rechazo hace un camino para una nueva relación o una nueva situación. Todos hemos sido rechazados por alguien antes. Duele. Es en la historia o el mensaje le decimos a nosotros mismos acerca de ese acto de rechazo que importa. Podemos tomar como algo personal y se sienten mal con nosotros mismos. Podemos optar por decirnos a nosotros mismos "esto no es sobre mí." Permitir que otros tienen su proceso.

Afirmación: Hoy, elijo ser un participante activo en mis opciones.

Lema: Esperar milagros!

19 de Febrero

Reuniones

Puede que no hemos querido ir a una reunión en el principio. Puede que no hemos asistido a reuniones de forma coherente. Nos pareció que era difícil mantenerse limpio. En algún momento de nuestro viaje, nos dieron un patrocinador que nos guió a noventa reuniones en noventa días. Compartimos estábamos recién llegados. Dejamos de hablar y empezamos a escuchar. Empezamos a estar limpio. Empezamos a mirar hacia adelante a ir a las reuniones. Las reuniones nos benefician de muchas maneras. Algunos de nosotros estamos allí para compartir nuestra experiencia, fortaleza y esperanza. Otros están allí para conseguir un abrazo o ver a un amigo. No importa por qué vamos siempre ayuda.

Afirmación: Hoy, elijo cultivar mi voluntad de crecer!

Lema: 90/90   90 Reuniones en 90 Días

20 de Febrero

Una Promesa

Vamos a conocer una nueva libertad y una nueva felicidad. ¿Cómo puede suceder esto? ¿Puede haber realmente la felicidad y la libertad de un alcohólico o un adicto? Sucede lentamente con el tiempo dentro de ti. Sus puntos fuertes comienzan a aparecer. Sus defectos de carácter comienzan a dejarte. ¿Quieres ser una persona diferente. Su deseo de curarse a sí mismo y ayudar a otros comienza a ser prominentes. Una transformación que está ocurriendo dentro de ustedes! Una nueva libertad libre de opciones y pensamientos viejos esté disponible para ti. Una nueva felicidad es el suyo para tomar!

Afirmación: Hoy en día, voy a disfrutar de mi nueva libertad y la felicidad!

Lema: Sé parte de la solución y no del problema!

21 de Febrero

Serenidad

La serenidad es un trabajo interno. Serenidad sucede cuando hacemos nuestro trabajo emocional coherente y responsable. Serenity incluye la aceptación, valor para cambiar, darle la vuelta, entregando todo el día e ir a nuestro poder superior en la oración con regularidad. Incluye aprender a perdonarnos a nosotros mismos ya los demás, convirtiéndose en el resentimiento libre, dejar ir y dejar a Dios. Viene con una etiqueta de precio enorme. Tenemos que trabajar para cambiar nuestras vidas para conseguir tener serenidad. Es un don.

Afirmación: Hoy, elijo a reconocer que Dios está en control.

Lema: Concédeme la serenidad para aceptar las cosas que no puedo cambiar.

22 de Febrero

La Fe

Se ha dicho que si usted tiene la fe de una semilla de mostaza son posibles todas las cosas. El miedo no puede quedarse donde existe la fe. Esto significa que usted no puede estar en ambos estados en la mente al mismo tiempo. Tienes que elegir una forma de pensamiento. El miedo o basado en la fe basada? ¿Qué será? Parece una respuesta fácil, ¿no? No es una respuesta fácil sin embargo. Nuestras mentes están entrenados para pensar los pensamientos de miedo primero. Tenemos que volver a enmarcar nuestro pensamiento para llegar a pensamientos de fe primero. Esto requiere práctica y disciplina. Puede hacerse.

Afirmación: Hoy, elijo cambiar mis pensamientos cuando se convierten en negativo.

Lema: Tener la fe de una semilla de mostaza!

23 de de Febrero

Consuelo

Consuelo viene en diferentes experiencias para todos nosotros. Algunos de nosotros nos sentimos confortados por una gran reunión, otros por un abrazo, sin embargo, otros por la oración y la meditación. El desafío es cuando la comodidad viene a nosotros en demasiado de una cosa: la comida, el sexo, las drogas, el alcohol, el juego y otros. Esto es cuando estamos en problemas. Nada en el exterior puede curar algo que falta en el interior. El amor es la respuesta a nuestra necesidad de consuelo. Vaya a su poder superior próxima vez que sienta la necesidad de comodidad. Deja que te guíe.

Afirmación: Hoy, estoy dispuesto a cambiar los viejos patrones de los más saludables.

Lema: Primero es lo primero!

24 de Febrero

Pena

La pérdida de un ser querido es doloroso. Nos enojamos. Conseguimos tristes. Nos preguntamos a Dios por qué? Tenemos que darnos un tiempo para sentir nuestros sentimientos y no reprimirlos. Reprimirlos nos hará enfermo. Hay algunos días que se van a cuestionar si va loco. Van a haber algunos días que se van a dormir demasiado y otros que pueda tener insomnio. Es posible que desee comer toda la comida que puedes o no puedes tener ningún apetito. El tiempo parece irreal. Su pensamiento es un poco borrosa. Los cambios de humor van a suceder. Es fundamental compartir su pérdida con su patrocinador, hogar de grupo y amigos. Ellos están ahí para proporcionar un refugio seguro para usted durante este tiempo. No se aísle. Su probabilidad más alta de recaída es durante este período de tiempo. Mantente conectado. Siente tus sentimientos. Trabajar a través del dolor.

Afirmación: Hoy, elijo permitirme sentir mis emociones.

Lema: Para ti mismo ser verdad.

25 de Febrero

Fuerza

Aprovechando nuestra fuerza interior se hace más fácil cuanto más lo practicamos. En lo profundo de ti es todo lo que usted necesita cuando usted sabe cómo aprovechar lo divino dentro. Estate quieto. Escucha. Usted recibirá su orientación. Ha sido allí esperando todo el tiempo! Cuando retos aparecen ... y van ... respire profundo y escuchar. Ir a un lugar de quietud, la atención y la oración. Su respuesta vendrá!

Afirmación: Hoy, elijo la dulzura y la fuerza sobre el miedo.

Lema: Mantenga una mente abierta.

26 de Febrero

Recaída Prevención

¿Cómo podemos prevenir la recaída? Ir a las reuniones, conseguir un patrocinador y hablar con ellos regularmente, trabajar nuestro programa, alejarse de las personas mayores, lugares y cosas, la oración, la meditación y vivir un día a la vez. Suena fácil. Desafíos vendrán. Los antojos pueden suceder. Los disparadores aparecen. Los resentimientos causan reacciones. Llegar a los demás para conseguir apoyo y compartir sus sentimientos. No se aísle. No apague. El trabajo de su programa!

Afirmación: Hoy, voy a recordar que lo que me pasa no es tan importante como la forma en que respondo a ella.

Lema: Mantente limpio para ti mismo.

27 de Febrero

Miedo

Estamos derrotados cuando dejamos que el miedo detener nuestro crecimiento. Miedo plantea es fea cabeza susurrando mensajes negativos a usted. El miedo le dice que "no tiene que mantenerse limpio". Miedo dice "sólo una vez más". El miedo te tienta a ignorar su programa y vamos a divertirnos a la antigua usanza. El miedo le dice que "no puede mantenerse limpio. Ir auto sabotear a ti mismo! Después de todo ¿quién te crees que eres? "Nuestra respuesta debe ser que soy un hijo de Dios. Estoy confiando en mi Poder Superior. Puedo hacer todas las cosas con el apoyo y el deseo de mantenerse limpio. Vaya por delante, dígale miedo a dónde ir. Usted es fuerte en la cara del miedo porque usted tiene los apoyos que necesita a su disposición.

Afirmación: Hoy, elijo creer que puedo lograr mis metas!

Lema: Un miedo ante el temor de borrado

28 de Febrero

Desafíos

Desafíos van a pasar en la vida. Piense en ello como un juego: el juego de la vida. Cuando aparezca un reto, es tu oportunidad de elegir una nueva manera de manejar la situación diferente de lo que ha usado antes. Darle a Dios de manejar. Confía en el proceso. Sabiendo el resultado será a su favor en el largo plazo. Todas las cosas cooperan para su bien. ¡Reclamarlo!

Afirmación: Me entrego todos mis problemas y preocupaciones a mi Poder Superior sabiendo que estoy seguro y me encantó.

Lema: No entretener a la idea.

Marzo

1 de Marzo

Rechazo

No podemos tomar el rechazo personalmente. No importa si se trata de un trabajo que aplicamos para el trabajo, una relación con alguien que se sienten atraídos o una solicitud de crédito que fue denegada. Es asunto nuestro lo que otra persona piensa de nosotros. Siempre y cuando usted sabe que usted es una buena persona y su Poder Superior sabe que está haciendo su mejor eso es lo que importa. No se preocupe por las cosas pequeñas. Todo es materia pequeña. Así que dejar ir y dejar a Dios y quitarse de encima esas vibraciones autocompasión. Usted es una maravillosa parte de una creación buena de Dios. Eso es lo suficientemente bueno!

Afirmación: Hoy en día, creo en mí mismo y mis sueños.

Lema: En caso de duda ... no lo hagas!

2 de Marzo

Auto Cuidado

Es hora de darse un poco más de atención hoy. Los niños, el trabajo, la familia, las relaciones, el trabajo, las mascotas ... siempre hay algo que lo distraiga de recordar que su serenidad es lo primero. ¿Cómo vas a disfrutar hoy especial? Un paseo tranquilo? Un baño caliente? Tiempo en el gimnasio? ¿Un buen libro? ¿Qué tal una taza de café y una conversación con un buen amigo? ¿Un masaje? Piense en lo que va a hacer por usted hoy. Descanso y relajación son necesarios para ayudar a encontrar el equilibrio. Tome el buen cuidado de ti mismo hoy y todos los días.

Afirmación: Hoy, elijo estar comprometidos con la creación de un equilibrio en mi vida del Cuerpo-Mente-Espíritu!

Lema: Trae el cuerpo y la mente sigue!

3 de Marzo

Reflexión Personal

En el Paso Uno, llegamos a un acuerdo con la ingobernabilidad y la impotencia de nuestra conducta adictiva. Buscamos ayuda externa. No podemos encontrar alivio hasta que admitimos nuestra impotencia - no importa cuántas personas le pedimos. Entonces y sólo entonces podremos realmente comenzar nuestro aprendizaje sobre el Primer Paso. Nuestra reflexión personal sobre este tema es importante porque tenemos que aprender a aceptar que las cosas estaban fuera de nuestro control.

Le pedimos a nuestro Poder Superior que nos guíe hacia adelante.

Afirmación: Hoy, elijo para llevar el mensaje de recuperación a los demás.

Lema: El dolor es la piedra de toque del crecimiento espiritual.

4 de Marzo

Consciente Contacto

En el Paso Tres, reconocemos que necesitamos orientación. Tomamos una decisión de rendirse a nosotros mismos para el cuidado de Dios. Recibimos la oportunidad de alejarse de comportamiento que fomenta el miedo, la ansiedad, el desánimo, la enfermedad, financiera y desastres relacionales. Comenzamos haciendo un contacto consciente con Dios de nuestro entendimiento. Esta es una nueva manera de vivir y puede ser de miedo al principio. Sin embargo, una vez que nos mantenemos haciendo contacto consciente con Dios, empezamos a sentir diferente. Totalidad está llamando a nosotros!

Afirmación: Hoy, elijo pasar por lo menos un cuarto de hora en la oración y la meditación.

Lema: Si no crece - que vaya.

5 de Marzo

Inspiration

¿Que te inspira? ¿Es la serenidad? Dinero? ¿Gente? ¿Su viaje le inspira? ¿Tiene el viaje de alguien que te inspira? ¿Tiene la libertad que te inspire? Este es un concepto importante saber. ¿Qué hace usted quiere algo mejor? Tome algunas notas. Piense en estas cosas. Escribe en tu diario.

Afirmación: Hoy elijo aprender de la experiencia de otros, fortaleza y esperanza.

Lema: No hay magia en la recuperación - sólo Milagros!

06 de Marzo

Orientación

Orientación viene de muchas fuentes. Aprender a quién elegir para escuchar toma tiempo. Comience por confiar en la orientación de sus acciones patrocinador con usted. Confía en la guía de libros y folletos del programa. Confía en la orientación de su Poder Superior. A veces, no es fácil saber lo que su poder superior ha comunicado a usted. Pida una orientación más clara. Usted Poder Superior nunca dirá que hacer algo que dañe a sí mismo oa los demás. Confía en que la orientación.

Afirmación: Hoy, elijo ser un oyente activo.

Lema: ¿Te gustaría estar en lo cierto o feliz?

7 de Marzo

Rendición de Cuentas

Usted es responsable de sus palabras y sus acciones. Si dices que vas a llevar a la reunión, y luego estar allí temprano si usted tiene miedo o no. Líderes plomo y seguidores siguen. Seguimiento y asegúrate de que has hecho todo lo que han acordado hacer en cualquier momento de hacer un compromiso. Práctica viendo lo que dice y cómo lo dice. Di lo que quieres decir y pensar lo que dices. Este es un programa espiritual de la recuperación de viejos comportamientos a nuevas acciones. Hable único positivo! Haz lo que dices que vas a hacer cuando usted dice que va a hacerlo! Eso es ser responsables!

Afirmación: Hoy, elijo a ver los defectos de carácter y hacer cambios donde se necesita.

Lema: Mi otra vida es desde este momento.

8 de Marzo

Miedo

El miedo al abandono se inició en nuestra infancia. Vimos supuestamente padres responsables que eligen un comportamiento impredecible. Algunos de nosotros fueron abandonados físicamente. Algunos de nosotros fueron abandonados emocionalmente. Se nos ha hecho reaccionar, cuando son activados por los demás, de manera que creemos que reduce nuestro dolor. Cuando tememos ser abandonados que te sientas inseguro, se siente rechazado, se preocupan en exceso, evitar estar a solas se vuelven co-dependiente o se convierten en cuidadores de los demás. Cuando nos sentimos estos desencadenantes tenemos que dejar ir y dejar a Dios.

Afirmación: Hoy, elijo permanecer en el momento presente y no añadir el miedo a mi ahora.

Lema: El miedo es la falta de fe.

9 de Marzo

Alegría

Alegría se podría definir como la emoción del gran placer o la felicidad causada por algo excepcionalmente bueno o satisfactorio. La alegría que pasa cuando nos permitimos sentir nuestras emociones. De vez en cuando, la alegría se siente incómodo porque estamos cómodos sentimientos negativos sentimientos. Permita que su alegría de estar presente. Dése la oportunidad de sentir la alegría! Estar presente con su alegría! Permitir lágrimas de felicidad fluyan.

Afirmación: Hoy, elijo permitirme aceptar mis sentimientos!

Lema: Posibilidades y los milagros son uno en el mismo.

10 de Marzo

Serenidad

Nuestro objetivo es sentirse tranquilo a medida que avanzamos en nuestro camino hacia la curación. La serenidad es una paz interior que se sustenta en los buenos o malos momentos. Esto sucede cuando ponemos nuestra confianza en nuestro Poder Superior saber, que el tiempo que seguimos trabajando nuestro programa vamos a reducir nuestros miedos y aumentar nuestra fe. La calidad de nuestra serenidad se crea por la calidad de las decisiones que tomamos en nuestra vida. Claramente, si la reincidencia, no somos sereno. La elección de hacer la siguiente cosa correcta nos ayuda a lo largo del camino.

Afirmación: Hoy, elijo confiar en mi Poder Superior a hacer por mí lo que yo no puedo hacer por mí mismo.

Lema: Tuvimos que dejar de jugar a ser Dios.

11 de Marzo

Obstáculos

Obstáculos aparecen en nuestro camino para probarnos. ¿Escuchamos a nuestro programa y confiamos en nuestro poder superior? ¿Nos quedamos cortos de seguir nuestro programa y elegir comportamientos autodestructivos? Todos los días tenemos la oportunidad de agregar otro día de recuperación para nuestra vida. La pérdida de un ser querido a la muerte o la recaída, sintiéndose desanimado, perder un trabajo, divorcio, cualquier cosa puede y va a perturbar nuestra tranquilidad si permitimos que lo haga. Elija con cuidado cuando estas situaciones se presentan. Hable con un amigo o su patrocinador. Obtener ayuda para hacerlo a través sin tropezar. ¡Puedes hacerlo!

Afirmación: Hoy, elijo pedir ayuda cuando lo necesito.

Lema: El cambio es un proceso, no un evento.

12 de Marzo

Oración

Orar es hablar con Dios de su comprensión y escuchar por la respuesta. Es un proceso de dos partes. Escuchar es igualmente importante en el proceso. El proceso no es difícil o complicada. Nuestro Poder Superior nos dará fuerza, guía y consuelo si nos preguntamos por ello y confiamos en que se acerca. La oración no es religión. La oración es una comunicación bidireccional. Usted puede orar con la frecuencia que desee, porque Dios está siempre allí esperando para comunicarse con usted.

Afirmación: Hoy, elijo dejar de lado un par de veces para rezar y escuchar. Enséñame tus caminos de Dios.

Lema: Doble las rodillas antes de doblar el codo.

13 de Marzo

Una Promesa

No vamos a lamentar el pasado ni desearemos cerrar la puerta en ella. Esta promesa nay hecho realidad para usted una vez que usted ha tenido alguna vez en el programa. Aprendemos a apreciar dónde venimos y lo que teníamos que crecer a través. Esto nos permite ser capaces de ayudar a los demás por el oír nuestras historias. Por lo tanto, no queremos cerrar la puerta a nuestro pasado ya que es una herramienta de aprendizaje para nosotros y los demás.

Afirmación: Hoy, voy a recordar que el pasado es una serie de lecciones que aprender.

Lema: Más será revelado!

14 de Marzo

Culpa

La culpa viene de sentir una respuesta interna a algo que haya hecho o dicho que no era ético. Tu conciencia es su guía. ¡Buenas noticias! Usted tiene una conciencia activa! ¡Está funcionando! La forma más fácil de sentir menos culpa es ser más consciente de lo que decimos y hacemos. Cuando estábamos usando no podríamos haber llevado a menos que se lesionó en nuestra estela. Estamos creciendo espiritualmente. Ahora elegimos acciones correctas haciendo lo siguiente lo correcto todos los días.

Afirmación: Hoy, elijo ya no dejar que mi auto se ejecutará amuck. Yo estoy en control de mis acciones.

Lema: Amad a vuestros enemigos. Se les hará una locura!

15 de Marzo

El Perdón

Cuando hemos hecho daño la gente por fuera palabras y nuestras acciones debemos pedir perdón, siempre y cuando no perjudique aún más. Pero ¿qué hay de perdonarnos a nosotros mismos? Este es un paso importante en nuestra recuperación. Hemos hecho daño a nosotros mismos repetidamente. ¿Cómo no conseguir el perdón de perjudicar a nosotros mismos? Reconocemos que las situaciones han ocurrido. Tomamos nota de que este comportamiento no nos ha servido bien. Ofrecemos esto a nuestro Poder Superior para ayudarnos a trabajar en el auto perdón. Entonces comenzamos el proceso de perdonarnos a nosotros mismos un día a la vez.

Afirmación: Hoy elijo vivir en equilibrio emocional.

Lema: Cuenta tus bendiciones!

16 de Marzo

Humildad

La humildad se podría definir como una cualidad por la cual una persona teniendo en cuenta sus propios defectos se somete voluntariamente a sí mismo a Dios por ayuda. Los adictos están llenos de falsa valentía y el ego. Someter a punto de convertirse en medios humildes que ha revisado sus defectos de carácter y llegar a una comprensión no está tan contento con su comportamiento por más tiempo. Realización viene de que ha actuado de una manera que no es nada como lo que se requería en la situación. El cambio es necesario para seguir adelante. Sólo usted y Dios puede manejar esta situación de manera adecuada. Oren por el cambio. ¿Se te ocurre una vez que esto ha sucedido a usted?

Afirmación: Hoy, elijo practicar la humildad en todos mis asuntos.

Lema: Usted se sorprenderá!

17 de de Marzo

Esperanza

La esperanza es eterna. No importa qué tan desastroso ni lo destructivo que hemos estado en nuestras acciones tenemos el don de la esperanza dentro de nosotros. En un momento dado podemos empezar de nuevo. Habrá una oportunidad para hacer los cambios necesarios para crear situaciones positivas de nuestros líos caóticas. Nuestro Poder Superior es un Dios perdonador y amoroso. La luz dentro de nosotros puede ser tenue. No volverá a salir. Dios está dentro de ofrecer esperanza. ¿Está aceptando esperanza hoy?

Afirmación: Hoy, elijo para mantener viva para mí y para los demás esperanza.

Lema: Se necesita tiempo!

18 de Marzo

Negación

Negarse a aceptar que tenemos una adicción compulsiva y la enfermedad debilitante es una parte de la negación. Nuestra mente racional ha hecho tantas excusas para nosotros que en realidad creemos nuestras propias mentiras a veces. Es el momento de llegar a la verdad y el corazón de la cuestión. Necesitamos ayuda. No podemos hacerlo por nuestra cuenta. Somos bendecidos con un Poder Superior que nos ayudará si pedimos orientación. Ir a la mentalidad de "sólo una vez más ... Puedo manejarlo." Es dónde están las mentiras de enfermedad. La negación nos come por dentro con mensajes diciéndonos que no tenemos problemas. La culpa se le da a todo el mundo menos a nosotros mismos. Debemos ser rigurosamente honesto, admitir y ser responsables de nuestras acciones para vencer la negación. Se necesita práctica.

Afirmación: Hoy, elijo aprender a poner la honestidad primero en mi pensamiento. Voy a ser responsable de todas mis palabras, acciones y falta de acciones.

Lema: La negación es más que un río en Egipto.

19 de de Marzo

Confianza

¿Qué tan grande es tu poder superior? ¿Es lo suficientemente grande como para mover montañas? ¿Puede contener las tormentas de la vida a un flujo razonable? ¿Puede Dios te protegerá de ti mismo? La confianza que sucede cuando usted cree que se le proporciona a su Poder Superior. La confianza que sucede cuando usted deja de tratar de controlar y dejar ir y dejar a Dios. Consíguete fuera del camino! Hay un plan divino para su vida. Confía en el proceso.

Afirmación: Hoy, elijo confiar en que Dios tiene mi vida y mis mejores intereses manejado.

Lema: Hacer uso de la terapia telefónica.

20 de Marzo

Fuerza

La fuerza interior no tiene nada que ver con el levantamiento de pesas en el gimnasio. Tiene más que ver con el levantamiento de sus oraciones a Dios y escuchar las respuestas. A veces se oye su mensaje de una canción, o una oración o un libro que está leyendo. La fuerza de Dios no puede ser imaginado. No hay nada en nuestro mundo que fuerte ni una palabra para describir ese concepto. La oración se nutre la fuerza de Dios y ofrece algunos para usted. Usted tiene que estar abierto, dispuesto y honesto con Dios. Eso es cómo va a ser fuerte.

Afirmación: Hoy, voy a mostrar mi fuerza interior mi ser humildes, suaves y vulnerables con los demás ya mí mismo.

Lema: Comparta su dolor.

21 de Marzo

Curación

Uno de los principales objetivos de un programa de recuperación basada en la espiritualidad es para facilitar la curación. Esto sucede al dejar ir el control de un poder superior, entregando nuestros retos y defectos de carácter a nuestro Poder Superior y aprender a vivir viene de la fe y el amor en lugar del miedo y el ego. Se trata de un importante cambio de valores y principios. Sin embargo, sin lugar a dudas, que funciona si usted lo trabaja! Nuestra sanación ocurre si hacemos el trabajo y permitir que los cambios entren en su tiempo. ¡Qué regalo para recibir! Esta es la gracia en acción!

Afirmación: Hoy, elijo creer que cada día trae nuevas

Lema: Buscar similitudes en lugar de las diferencias.

22 de Marzo

Espera

¿Cómo queremos que podríamos tener todo lo que queremos cuando lo queremos! La verdad es que tenemos lo que tenemos cuando lo conseguimos! La parte gratificación instantánea de nuestra personalidad es el componente adicto. Las bendiciones de aprendizaje de la paciencia es que lleguemos a recibir lo que necesitamos en el Tiempo Divino. Esta es siempre una situación mejor de lo que podemos crear o control por nuestra cuenta. Celebre su aprendizaje del don de la paciencia hoy!

Afirmación: Hoy, elijo confiar en el cuidado de mi Poder Superior para el calendario de eventos en mi vida.

Lema: Las emociones no son hechos.

23 de Marzo

Honestidad Rigurosa

Cuando no es una mentira una mentira? ¿Cuenta una mentira piadosa? ¿Tiene que describe algo diferente de lo que es cuenta como una mentira? ¿El intento de pintar en una mejor imagen a los demás cuentan como la deshonestidad? Las buenas preguntas. Usted sabe las respuestas. ¿De donde vienen ellos? Las respuestas están dentro de ti. Usted sabe cuando se está contando la verdad y cuando no lo es. Cuando usted no está rigurosamente honesto sabrás. En su interior se sentirá este remordimiento de conciencia que le recuerda que esto no es el camino a seguir más. Escúchalo. Siente que cuando se le envía el mensaje. Get honesto y usted está a mitad de camino a casa para conseguir así!

Afirmación: Hoy, elijo luchar por el progreso, no la perfección!

Lema: Siete días sin una reunión hace débil!

24 de Marzo

Enfado

Todo el mundo se enoja en algún momento. Es saludable para enojarse. No es la ira que es el reto. Es la manera que elegimos para responder a la ira que es la parte difícil. Golpear en reacción no nos servirá. Auto-sabotaje no funciona bien. Dañar a nosotros mismos oa otros, obviamente, no nos va a ayudar. ¿Qué hacemos cuando nos enojamos? Siéntese, respire profundo, hablar con nuestro Poder Superior;

Afirmación: Hoy elijo tomar son de mí mismo y de mis necesidades de una manera sana

Lema: Recaída comienza mucho antes de que utiliza el adicto.

25 de Marzo

Heridas

Tenemos angustia. Nos duele. Estamos deprimidos, ansiosos, la culpa montado, avergonzado y temeroso. Todos hemos sentido estos sentimientos una y otra vez.Heridas viene de no conseguir satisfacer nuestras necesidades y desde el pensamiento negativo. A menudo no hemos llegado mensajes saludables de los adultos que estaban a mostrarnos el amor y el respeto. ¿Cuánto tiempo quiere llevar esa carga por ahí? ¿No es doloroso para llevar esa carga de equipaje donde quiera que vaya? ¡Por supuesto que es! Esta es una oportunidad para sentirse mejor. Dale a tu Poder Superior de manejar. Aprendes que son más que suficiente y que son amados. Deje un poco de luz en la oscuridad de tu alma!

Afirmación: Hoy, elijo para enfrentar mis sentimientos a medida que se presentan sabiendo que el Dios está aquí conmigo para ayudarme a ver de otra manera!

Lema: Soy una persona WCS - peor de los casos!

26 de Marzo

Paso Tres

En el Paso Tres, tenemos la oportunidad de tomar la decisión de poner nuestra voluntad y nuestra vida al cuidado de Dios, como nosotros lo concebimos a Dios.¿Cómo defines tu Dios? Es el Dios un Dios de amor o de un Dios enojado? En cuanto a su vida y su voluntad a un Poder Superior requiere práctica. completamente darse a un poder grande que uno mismo requiere coraje, la confianza y la fe. Si usted ha comenzado a trabajar este paso usted conoce este hecho. Es parte de un mayor despertar espiritual!

Afirmación: Hoy, hago la oración y la meditación una práctica diaria y una fuente de fortaleza.

Lema: He utilizado demasiado ... demasiado a menudo ... demasiado tiempo.

27 de Marzo

Meditación

Aparatos eléctricos por lo general no funcionan sin una fuente de energía. Nosotros no trabajamos bien sin nuestra fuente de alimentación tampoco. Una de las mejores maneras de conectarse a nuestra Fuente es tomar algo de tiempo para cerrar nuestras mentes hiperactivas y simplemente escuchar. Para ello tenemos que cerrar los ojos y dejar fuera el ruido tanto en el exterior de nosotros y dentro de nosotros. Este proceso se hace más fácil con la práctica y la disciplina. Apague sus pensamientos en vez de hablar a Dios y compartir todos sus pensamientos. Usted recibirá su mensaje si usted practica.

Afirmación: Hoy, elijo la escucha activa y la práctica de la meditación de quince minutos.

Lema: Pero por la gracia de Dios.

28 de Marzo
Auto Cuidado

El autocuidado implica aprender a amarse a sí mismo. Puede ser algo tan sencillo como darse tiempo para relajarse todos los días. Se podría ir a almorzar con un buen amigo, o incluso recoger y reunión extraordinaria esta semana. El objetivo de auto-cuidado es cuidar bien de ti! Es importante darse cuenta de lo muy adorable y valioso que eres como un ser espiritual teniendo una experiencia humana. ¿Por qué no hacer una lista de deseos de cosas que usted podría hacer en el futuro para ser amable con usted? Los días en que no tiene algo planeado se puede hacer referencia a la lista.

Afirmación: Hoy, elijo ser auto amar sobre auto-odio.

Lema: Un trago es demasiado y mil no es suficiente.

29 de Marzo

Bondad

Ser amable nunca ha sido tan difícil de hacer. Está dentro de nosotros como una respuesta natural a compartir cuando nos sentimos bien con nosotros mismos. Una vez más, ser amables con nosotros mismos primero es importante. No se puede dar lo que no tienes. Así que hoy, ser reflexivo acerca de ti mismo. Una vez que estás centrado, ser amable con la mayor cantidad de gente posible. Usted se sentirá el amor comienza a ir y venir entre usted y otros cuando usted hace esto regularmente.

Afirmación: Hoy, elijo ser amable conmigo mismo y los demás.

Lema: Vive y deja vivir.

30 de Marzo

Estabilidad

Estabilidad se podría definir como la firmeza de un individuo del estado de ánimo, su capacidad para soportar contratiempos menores, fallas, dificultades y otros factores de estrés sin llegar a ser molesto emocionalmente. Las personas emocionalmente estables toleran tensiones menores y las tensiones de la vida cotidiana sin llegar a ser emocionalmente alterado, ansioso, nervioso, tenso o enojado. Los veteranos han compartido en las reuniones sobre la transformación que ha sucedido en sus vidas a través del tiempo que va desde que vive con ingobernabilidad y el caos a la serenidad.Es un un día a un proceso de tiempo. ¡Puedes hacerlo!

Afirmación: Hoy, elijo mantener la calma cuando surgen retos. Sé que mi Poder Superior está a cargo de mi vida.

Lema: La adicción es un destructor de la igualdad de oportunidades.

31 de Marzo

Misericordia

La compasión es un activo a las cualidades de la personalidad de cada uno. Se trata de que seamos corazón abierto para que podamos compartir de corazón a corazón.Muchas personas tienen un tiempo difícil hacer esto porque tienen miedo de abrir su corazón debido a las heridas del pasado. Una vez que usted se da permiso para ser compasivo se hace más fácil y más fácil. Recuerde la regla de oro: Haz a los demás como te gustaría que te hicieran a ti. Su corazón se abrirá y usted se sentirá su propio amor que brilla a través de ti!

Afirmación: Hoy, elijo ser compasivos con los demás en lugar de guardado.

Lema: Nada cambia si notando cambios.

Abril

1 de Abril

Pena

El duelo parece continuar durante un tiempo tan largo. Tenemos alguna entrada en ese proceso, si estamos abiertos a sentir nuestros sentimientos durante las etapas iniciales del duelo. Eso significa sentir el dolor y no tratar de adormecer a nosotros mismos con cualquier cosa. Significa entender que no va a haber momentos de tiempo en que la angustia Vive con nosotros hasta que se termine su proceso. Esto significa que vamos a tener que hacer trabajo emocional para conseguir a través de la forma saludable proceso de duelo. Antes, podemos haber adormecido el dolor. Ahora tenemos que tratar y entender el dolor. No hay tal cosa como "justo" en la vida. No podemos jugar la carta de la autocompasión. Tenemos que respirar profundo, llegar a nuestro patrocinador y amigos para pasar el viaje. La buena noticia es que usted puede hacerlo con el apoyo de su Poder Superior y su grupo.

Afirmación: Hoy, acepto que el dolor es un estado natural de ser y que yo pueda trabajar a través de él.

Lema: Trate de sustituir la pena de grat

2 de Abril

Llegó a Creer

En el principio de nuestra recuperación nos enteramos de que en algún momento nos gustaría creer las prácticas y los principios de nuestro programa de trabajo. Por lo general, no golpea nuestra conciencia hasta más tarde que hemos hecho ese viaje.Sucede algo invisible mientras confiamos en el proceso. Lo vemos trabajando en otros. Vemos a otros hacer cambios positivos en los pensamientos y acciones. Un día tenemos nuestra propia "AHA!" Momento. ¿Ha sucedido para que usted todavía? Si es así, piensa en lo que fue para ti. Si la respuesta es "no" seguir haciendo su trabajo.¡Será!

Afirmación: Hoy, elijo la libertad de la adicción!

Lema: Toma lo que puedas y dejar el resto.

3 de Abril

Curación

Mientras está trabajando activamente su sanidad programa está ocurriendo dentro de ustedes. Usted puede no notar como primero. Auto búsqueda y la gratificación instantánea comenzarán escapando. Usted se dará cuenta de que una nueva libertad y una nueva felicidad comienzan a aparecer. Su actitud ante la vida comenzará a cambiar. No se arrepentirá el pasado ni desearemos cerrar la puerta porque usted va a aprender de ella. Usted ganará interés en otros y perderá el interés en cosas egoístas. Estos cambios van a suceder gradualmente. Usted comenzará a notar que está sanando y se dará cuenta de que Dios está haciendo por lo que no se podía

hacer por su cuenta.

Afirmación: Hoy, elijo recordarme a mí mismo que yo no soy el único!

Lema: Lento pero seguro!

4 de Abril

Amar

Es difícil ser amoroso si usted nunca ha sido amado así. Muchos de nosotros nos salió de las familias que estaban llenos de la disfunción y no el amor. Aprender a amar es realmente fácil. Vaya a su corazón y compartir a partir de ahí. Usted puede sentir el amor tan pronto como usted se sienta en su primera reunión. El amor propio es un poco más difícil. Esperamos mucho de nosotros mismos. ¿Puedes pensar en una sola cosa que podría perdonarte a ti mismo para hoy? Podrías elegir algo que ha sido molestando a ti por tanto tiempo? El amor propio y auto perdón trabajan mano a mano.Perdonar a ti mismo por los errores que ha hecho es una parte importante de amar!

Afirmación: Hoy, elijo ser amoroso para mí y para recordar que soy bastante!

Lema: Los lemas son la sabiduría escrita en taquigrafía.

113

5 de Abril

Decepción

Las expectativas de que no terminan sucediendo pueden causar tanto la decepción y resentimiento. Ni me siento muy bien. La decepción es un sentimiento que tenemos cuando miramos hacia adelante y esperamos para una determinada situación o cosa que suceda. Nos sentimos defraudados y desalienta cuando esto no sucede. Nos hemos fijado hasta sentirse mal. La aceptación es el don que tenemos que utilizar cuando esto sucede. Tenemos que aprender que no todo va a caer nuestra dirección.Recuerde que su Poder Superior puede tener algo aún mejor para usted!

Afirmación: Hoy, elijo estar en la aceptación de todo lo que sucede en mi vida.

Lema: Fácil lo hace, pero lo hace.

6 de Abril

Actitud

Pensando que apesta es, sin duda una actitud. Uno debemos deshacerse de lo más rápido que podamos. Pensamiento apestoso nos lleva a pensar en forma negativa en lugar de positiva; para actuar resentido en lugar de agradecer; y elegir la autocompasión sobre dejar ir y dejar a Dios. Es un viejo patrón que hemos usado antes. Debemos notar cuando asoma su fea cabeza que tenemos que dejar tan pronto como llegamos a ser conscientes de ello y cambiar de marcha en gratitud. No se puede ser agradecidos y tienen una mala actitud al mismo tiempo!

Afirmación: Hoy elijo dejar ir de mi pensamiento apestoso!

Lema: Trate de no poner condiciones en su sobriedad.

7 de Abril

Preocuparse

La preocupación, la duda y el miedo irracional a trabajar todos juntos, pero no para nuestro bien. Todos ellos son una pérdida de tiempo con energía. Cuando note que está cayendo por ese trinchera ... parar y cambiar su forma de pensar! Reemplazar a todos con fe. Ir a las lecturas y encontrar un mensaje positivo. No se puede estar en la preocupación, la duda o el miedo, y que tengas fe simultáneamente. Elija a cambiar a ti mismo a una conciencia superior! Usted será mucho más feliz si lo hace!

Afirmación: Hoy, elijo la fe sobre la preocupación, la duda y el miedo. Mi Poder Superior me está guiando hacia adelante.

Lema: El silencio es oro pero cinta de plata.

8 de Abril

Personaje

Alguien una vez definido carácter como algo que se hace cuando nadie está mirando.¿Eres honesto con los demás cuando nadie te está mirando? ¿Te engañas y decirle mentiras piadosas cuando nadie te está mirando? ¿Está utilizando cuando no hay nadie alrededor? ¿Te apareces cuando haya accedido a aparecer? ¿Estás haciendo lo siguiente que la derecha? ¿Eres tú el rey o la reina de BS? Todos ellos ayudan a definir su carácter.

Afirmación: Hoy, elijo enfrentar los restos de mi pasado y empezar a crear un nuevo futuro!

Lema: Si juzgas ... investigar!

9 de Abril

Tolerancia

Qué juzgas a alguien que entra en las habitaciones que pueden no haber tomado un baño? ¿Qué pasa si huelen a alcohol? Qué juzgas a ellos si están gordos? Qué juzgas a ellos si son gays? ¿Y es que son transexuales? Qué juzgas a ellos es que se visten como una mujer pero son un hombre? ¿Qué piensa usted acerca de alguien en las habitaciones que tiene tatuajes? ¿Todo el mundo en el programa tienen el mismo aspecto? Piense en esto, porque son hijos de Dios también! ¿Va a ir a sentarse al lado de alguien que es diferente y nuevo en el programa si son obviamente un lío? ¿Va a ir a sentarse en el que se siente cómodo con sus nuevos amigos? Practicar la tolerancia.

Afirmación: Hoy, voy a recordar que todo el mundo que veo es uno de los hijos de Dios.

Lema: No soy mucho pero soy todo lo que pienso.

10 de Abril

Oración

La oración no es sólo "Dios me necesita". La oración también es "Gracias a Dios". La oración no es sólo hablar, pero, escuchando también. Es la comunicación con su Poder Superior. Es tanto está pidiendo y reclamando su bienestar. Usted puede pedir lo que está en su mayor bien y mejor. ¿Alguna vez has pensado en eso? Pedirle a Dios que le dé a una persona específica como socio puede no ser tan sabio como pedir a Dios que le dé un socio que es emocionalmente disponible para usted. Tenga cuidado con lo que pides! Es posible conseguirlo!

Afirmación: Hoy, voy a hablar con Dios y dejar que Dios se encargue de los detalles.

Lema: Cualquier día sobre la tierra es un buen día.

11 de Abril

Negación

Negarse a ver la verdad en cualquier situación es la negación. Vivir en algunos hacer creer mundo de su elección está viviendo en la negación. Vivir en un estado hecho a sí mismo del pensamiento irracional es la negación. Pensar que puede seguir utilizando sus viejas elecciones y acciones de recuperación es la negación. Pensar y actuar sobre las conductas de adicción viejos le enviará a cabo en la cuerda floja. Confía en el proceso. Renunciar a las distorsiones y mentiras. Estar presente en este momento. Digamos que usted está confundido o asustado. Renunciar a su negación de su serenidad.

Afirmación: Hoy, elijo vivir la vida en el término de un día de vida a la vez.

Lema: La muerte es una vez en una experiencia de vida.

12 de Abril

Compromiso

El compromiso es una responsabilidad. No importa lo que se han comprometido a hacer o ser que haya elegido para tomar su decisión en serio. En un momento en nuestras vidas estábamos comprometidos con inmanejable la disfunción, el caos y la mentira. No vimos que al compromiso. Nos quedamos sin duda el compromiso de la autodestrucción. Ahora, elegimos compromiso de nuestra recuperación. Elegimos ir a 90 reuniones en 90 días, encontrar un patrocinador y trabajar el programa. Estamos comprometidos a mantenerse limpio y creciente en la persona que realmente queremos llegar a ser. Estamos comprometidos con nuestro crecimiento y nuestra cordura.

Afirmación: Hoy, elijo para cuidar de mis necesidades de una manera sana!

Lema: Está en el libro.

13 de Abril

Auto Cuidado

¿Qué haces para cuidar bien de ti mismo hoy? Esta es una pregunta importante preguntarse a sí mismo todos los días. Desafíos suceden cuando no hemos estado cuidando de nosotros mismos y nos cansan, hambriento, enojado y solitario. ¿Alguna vez has oído hablar de HALT? -Hungry-enojado-solitaria cansado? Nosotros no hacemos buenas decisiones cuando no estamos en nuestro mejor momento. Tome el buen cuidado de ti mismo hoy y todos los días! ¿Qué estás haciendo para organizar su tiempo para relajarse y recuperar a ti mismo? Usted tiene que ponerse en primer lugar. Sí ... antes de que su pareja o sus hijos. No se puede dar lo que no tienes.

Afirmación: Hoy, elijo para hacer mi recuperación mi prioridad.

Lema: AA funciona para las personas que no creen en Dios.

14 de Abril

Rendición de Cuentas

La responsabilidad es más que ser bueno para su palabra. Son sus acciones cuando se encuentra y no está luchando. Es la forma en que trata a las personas, la forma de pensar y hablar, cómo usted se presenta a los demás y cómo tratar a los demás. Es la forma en que se paga o no paga sus facturas. La responsabilidad es un componente de lo que eres y que te estás convirtiendo. ¿Cómo quieres ser conocido? ¿Quieres estar presente y responsable?

Afirmación: Hoy, elijo estar dispuestos a hacer mi paces.

Lema: Si quieres beber (uso) --- que es su negocio.

15 de Abril

Una Promesa

Vamos a comprender la palabra serenidad y conoceremos la paz. Esta promesa se hace realidad en diferentes momentos para todos nosotros. Algunos de nosotros conseguir esto de inmediato y algunos de nosotros tenemos que trabajar duro para llegar a este conocimiento. La serenidad es un concepto que se bendijo para entender la experiencia. Sabemos que somos en verdad bendita cuando sabemos serenidad.Podemos recordar el caos. La paz es un sentimiento tan opuesta a la ingobernabilidad de la utilización de nuestros fármacos de elección. No es sólo una promesa, sino un enorme regalo!

Afirmación: Hoy, elijo para comprender la palabra serenidad y conoceremos la paz.

Lema: Pero por la gracia de Dios.

16 de Abril

Desafíos

La realidad dice que todos los días hay van a ser desafíos para nosotros de tratar.Ellos son parte de la vida. No es el desafío que es la parte difícil. Es nuestra respuesta al desafío que es más importante. Debemos aprender a no entrar en pánico ante la visión de un nuevo desafío. Tenemos un Poder Superior para ir en busca de orientación. Tenemos un sistema de apoyo en su lugar si tenemos que hablar y obtener ideas de los demás. Podemos enfrentar lo que se cruza en nuestro camino, porque no estamos solos.

Afirmación: Hoy, elijo a responder a mis retos con confianza y fe en mi Poder Superior.

Lema: Deja ir las viejas ideas.

17 de Abril

Serenidad

La Oración de la Serenidad es perfectamente redactado. Se le pide a Dios que nos dé la serenidad para aceptar las cosas que no podemos cambiar, valor para cambiar las cosas que puedo y sabiduría para reconocer la diferencia. Esta sencilla oración es profundo en su ámbito de aplicación. Se ha ayudado a millones de personas en los últimos años a permanecer en su centro y mantener el equilibrio. ¿Te has hecho esta oración recientemente? Si no, me animo a escribir y pegarlo en su bolsillo, su teléfono, su bolso o en coche por lo que tiene cuando lo necesite.

Afirmación: Hoy, elijo para hacer la oración y la meditación una fuente diaria de fuerza.

Lema: Comparta su dolor.

18 de Abril

Confianza

Tenemos un Poder Superior. No es necesariamente el mismo Poder Superior para cada persona. Algunos creen en Dios, Jesús, Buda y otros no. Ponemos nuestra confianza en que el Poder Superior no importa cómo lo definimos. Liberamos a nosotros mismos de los controles y las ilusiones de los controles en nuestras vidas a nuestro Poder Superior. Tenemos que elegir a confiar en ese proceso. Estamos rindiendo nuestros egos para la Fuente de amor de todos. La confianza está diciendo "hoy en día, se corre el día --- no yo. Será un día divinamente ordenado. "¿Puedes hacer eso?

Afirmación: Hoy, elijo confiar que mi día resultará en bendiciones y más bendiciones.

Lema: Comparte tu felicidad!

19 de Abril

Deficiencias

Puedes conocer a miles de personas y todos ellos tendrán defectos. Algunos tienen más que otros. Lo que es importante para usted es la forma de manejar el suyo. ¿Ha tomado un inventario moral recientemente? ¿Ha sido honesto contigo mismo? ¿Habló con su patrocinador al respecto? ¿Cuáles son sus deficiencias en este momento presente? ¿Cómo se va a trabajar en ti mismo? No es su trabajo para hacer un inventario de otra persona. Haz tu trabajo. usted será feliz de haberlo hecho.

Afirmación: Hoy voy a escribir mi cuarto paso.

Lema: Piensa ... Piensa ... Piensa

20 de Abril

Honestidad

Sabemos que es mejor decir la verdad en lugar de decir mentiras. La gente todavía son deshonestos. Es decepcionante cuando estamos mintiendo. Algunos de nosotros nos sentimos insultados cuando nos están mintiendo porque el mentiroso parece pensar que pueden engañar a nuestros ojos. Recuerde que la persona que la mentira es muy inseguro y muy probablemente no es capaz de enfrentarse a la verdad sobre sí mismos. Llamamos a que el estar en negación. Esa es otra historia. Date un respiro.

No lo tome personalmente cuando sientes que te están mintiendo. La verdad siempre gana.

Afirmación: Hoy, elijo ser abierto, honesto y dispuesto.

Lema: La voluntad si la clave!

21 de Abril

Esperanza

Podemos llegar a un pensamiento más elevado de esperanza en nuestras vidas cuando nos sentimos hacia abajo y tener luchas. La esperanza no puede morir. Nunca lo ha hecho. Nunca lo hará. Alguien en algún lugar lo mantendrá con vida por el momento que lo necesite. Es profunda dentro de nosotros. Todavía hay esperanza dentro de nosotros, incluso cuando cerramos fuera de nuestra experiencia. La esperanza y el amor vienen de la misma energía eterna. Siempre se puede encontrar en lo profundo de.

Afirmación: Hoy, elijo para llevar el mensaje de recuperación y esperanza a los demás!

Lema: Mantenga una mente abierta.

22 de Abril

Impotencia

No todo en el mundo en menos de nuestro control. Cuanto antes nos demos cuenta de que somos impotentes a la adicción el mejor de nosotros. Rendirse nuestras vidas y nuestra voluntad a Dios de nuestra comprensión creará un cambio fenomenal para mejor en nuestras vidas. La impotencia no significa que somos débiles. Significa que somos lo suficientemente fuertes como para comprender las leyes universales. Esto significa que sabemos lo que es, en última instancia mejor para nosotros mismos.Damos nuestras ilusiones de control para Dios.

Afirmación: Hoy, elijo cambiar mi vida y mi voluntad al cuidado de Dios, como yo lo entiendo Dios.

Lema: Morimos al viejo yo para vivir nuestra nueva vida.

23 de Abril

Enfado

Buda dijo una vez: "Aferrarse a la ira es como agarrar un carbón caliente con la intención de tirarlo a otra persona; usted es el que se quema. "Sin palabras más verdaderas se han hablado para definir la ira. Si llevamos nuestra ira dentro de nosotros y que encona entonces somos nosotros los que sienten sus estragos y nos enfermamos. La ira es mejor resuelto por la contemplación de lo que nos causó una respuesta tan reactiva. Por lo general, hay algo debajo de la ira que nos tiene triste o molesto. Mira dentro de hoy en sus patrones de ira. ¿Son las reacciones o respuestas?

Afirmación: Hoy, elijo sentir mi ira sin culpar a otros o utilizar.

Lema: No hay coincidencias en las habitaciones.

24 de Abril

Aprobación

Desean las cosas de una determinada situación eras diferente? ¿Te gustaría poder cambiar el pensamiento de otra persona? Es hora de trabajar con el concepto de aceptación. No podemos cambiar a los demás. Deben cambiarse a sí mismos. No podemos cambiar las circunstancias. Las situaciones están ahí para ser resueltos con las partes involucradas. La aceptación está dando a Dios para manejar y separar.Dejar ir y dejar a Dios es una opción inteligente en estas situaciones.

Afirmación: Hoy, acepto que un Poder superior a mí puedo ayudarme a encontrar mi serenidad!

Lema: Esta es una ducaion sin graduación

25 de Abril

Honor

¿Qué significa honor? ¿Incluye valores como la honestidad, la integridad, la comprensión y la compasión? ¿Tiene límites saludables y respeta las relaciones de otras personas? ¿Sus amigos dejar a sus hijos o parejas preciosas solas contigo? ¿Es usted un lugar seguro para que la gente sea cercano? ¿Usted busca oportunidades para manipular a los demás? Mira dentro de las respuestas.

Afirmación: Hoy, elijo ser un refugio para mis amigos cuando me necesitan.

Lema: Esto no es algo que une a - es una forma de vida!

26 de Abril

Sólo por Hoy

Sólo por hoy, voy a amar y perdonar. Sólo por hoy no estoy utilizando. Sólo por hoy voy a ser honesto y amable. Yo voy a ser reflexivo y tranquilo. Me voy a poner primero mi recuperación. Sólo por hoy, voy a hacer mi mejor esfuerzo para trabajar mi programa de recuperación espiritual. Sólo por hoy me siento bastante. No aceptaré comentarios negativos de los demás. Yo sé que soy amada y digna.

Afirmación: Hoy, elijo dejar de escuchar a mi viejo diálogo interno negativo.

Lema: Sobrio, limpio y loco!

27 de Abril

Confianza

¿Cuándo fue la última vez que pensó en cómo confiar en ti mismo? La primera vez que entró en el programa que no confías en ti mismo en todo y con buena razón.Ahora que usted ha estado trabajando su programa ha notado cómo usted puede comenzar a confiar en ti mismo? Ya sabes qué hacer si se encuentra en peligro de recaída. Usted sabe que tiene un Poder Superior que te guíe. Ya sabes donde las reuniones son y cómo encontrarlos si no lo hace. Usted tiene un patrocinador y hablas con regularidad. Lo más importante, usted tiene un limpio y recuperar USTED!

Afirmación: Hoy en día, confío en que pase lo que pase en mi vida que puedo manejarlo con la ayuda de Dios!

Lema: Llegamos aquí con nuestro mejor pensamiento.

28 de Abril

Escucha Activa

¿Has oído lo que dije? O estabas distraído
pensando en otra cosa? ¿No te disgustan

cuando pasa eso? Todos somos culpables

de que en algún momento. Aquí está el punto:
la escucha activa implica prestar atención a lo

que la otra persona está diciendo y prestar

atención al tono que están utilizando y

su lenguaje corporal! Se trata de dar a alguien

el respeto de su tiempo. Ellos pueden sorprender

y tener algo realmente grande que decirte!

Afirmación: Hoy, elijo a prestar atención cuando
otros están hablando conmigo. Quiero mostrarles el
respeto que me gustaría que en una conversación.

Lema: Cuanto más tiempo me recupero lo peor
estaba.

29 de Abril

La Fe

En el Nuevo Testamento, hay una declaración acerca de tener la fe de una semilla de mostaza. ¿Sabes lo grande que una semilla de mostaza es? Es tan pequeña como la cabeza de un alfiler en un imperdible. La declaración dice que si usted tiene la fe de una semilla de mostaza las cosas que están orando por y creer en vendrá a ti. SI TU CREES. Me parece que un tamaño de grano de mostaza no requiere mucha fe. Nuestro Poder Superior se encarga de hacer lo que necesita a su disposición como usted es capaz de manejar la situación.

Afirmación: Hoy, elijo tener fe al menos del tamaño de un grano de mostaza!

Lema: Soy alérgica al alcohol. Me hace estallar en las fechas de corte.

30 de Abril

Paso Cuatro

Estamos de acuerdo para hacer un minucioso inventario moral en este paso. Esta es una pregunta difícil. Mirando bajo todas las telarañas de nuestra vida en el pasado y escribir todo eso en la luz del día para ver. Preferimos dejar que esta diapositiva porque vamos a ser incómodo con nosotros mismos en este caso. Ahora nos fijamos en las debilidades, fortalezas, las relaciones no saludables, rencores, resentimientos y relaciones saludables. A esto se añade el hecho de que nuestra negación ha mantenernos ciegos y nuestra baja o ninguna autoestima nos ha mantenido nos mantuvo ignorantes de nuestra belleza interior. Lo primero es lo primero. Ore por su Poder Superior que le ayude en este proceso!

Afirmación: Hoy, elijo para comenzar los pasos de crecimiento de mi viaje de recuperación!

Lema: El programa va a funcionar si quieres que funcione.

Mayo

1 de Mayo

Dolor

Sin Límite heno de Tiempo para el dolor. La Perdida Se Siente pesado. Pérdida duele.A Veces No Estamos llorando La Perdida inmediata del tanto de Como Nosotros estanSufriendo los sueños Que van junto con La Perdida. Por Ejemplo Es posible que haya roto Una Relación con el compañero de la Onu. Eso en sí Mismo Es Una Perdida. Pero los sueños que tenia párr su futuro con

ESA persona hijo Así loss Una. Compuesto Pérdidas y se convierten en capas, si no hacemos nuestro de Trabajoemocional con Ellos. Es Importante párrafo Nuestra serenidad párrafo llorar cuandonecesita mos llorar, Sentir el dolor cuando tenemos que hacerlo, y Dejar Que Nuestras Emociones se Mueven un Través de Nosotros Hasta Que desaparezcan.

Afirmación: Hoy, me permito la Seguridad de Ser y Sentir mis sentimientosvulnerables.

Lema: Dios Nunca Llega tarde.

2 de Mayo

Personaje

El carácter es la acción que usted tome para llevar a cabo los valores, la ética y la moral que usted cree en. La coherencia entre lo que dice que va a hacer y lo que en última instancia lo hace. Intuitivamente sabemos cuando alguien está en la delantera y honesto y cuando no lo son. Si usted no es una persona de buen carácter que tendrá una mala reputación para llevar junto con el resto de su equipaje. La buena noticia es que usted puede comenzar hoy fresca para mostrar a sí mismo ya los demás que desea cambiar y convertirse en una persona con buen carácter.

Afirmación: Hoy, voy a abrir las puertas al cambio y el crecimiento y el paso!

Lema: Se necesita tiempo.

03 de Mayo

Compromiso

¿Tienes lo que se necesita para estar comprometido con una meta? ¿Su objetivo de recuperación y su compromiso con su recuperación tienen el mismo nivel de compromiso? Hay poco que celebrar si si no das todo. No se puede ser a medio camino motivados para trabajar su programa. Por supuesto, hay días en que usted es mejor y días en que usted está luchando. Ese no es el punto aquí. El punto es el grado de compromiso es usted para su recuperación?

Afirmación: Hoy, empezar a crear un nuevo patrón saludable de vivir en la recuperación!

Lema: Dio su casi.

04 de Mayo

Descanso

Alguien te ha acusado de quemar la vela por ambos extremos? No podemos irnos sin parar con algo en nosotros tomando una paliza. No somos super-héroe. Vivir fuera de equilibrio hace que las puertas de enlace al desastre. Es importante para que usted pueda obtener mucho descanso. Descansar restaura nuestros cuerpos y mentes para que podamos asumir retos del día siguiente, ya que vienen. Hágase un favor y dejar de quemar la vela por ambos extremos.

Afirmación: Hoy, estoy programando un tiempo para descansar y relajarse.

Lema: Las decisiones no son para siempre.

5 de Mayo

Negación

Tenemos estos mecanismos de defensa y los modelos de racionalización. Queremos creer lo que queremos creer en nosotros mismos y los demás. La negación se interpone en el camino de la verdad. Es tan difícil de admitir la verdad cuando se nos hace quedar mal. Es aún más difícil de aceptar que la verdad es lo que es. Otras personas pueden ver a través de nosotros, pero no podemos ver a través de nuestras propias mentiras. Tú eres suficiente. Usted no tiene que compensar mentiras. Sólo tienes que decirnos quién es usted y vamos a empezar limpia juntos.

Afirmación: Hoy, me abre la puerta al cambio, la verdad y el crecimiento.

Lema: En las habitaciones que adquiere inteligencia para nada!

06 de Mayo

Coraje

Coraje es sentir el miedo y hacerlo de todos modos. Más entra en él que esto, sin embargo. Coraje es saber que tenemos un Poder Superior que nos guíe y nos proteja. Es saber que podemos manejar cualquier cosa que se nos tiran al trabajar nuestro programa espiritual. Es saber cuando hacemos las cosas selectas saludables y derecho a trabajar para nosotros en el tiempo. Coraje está mirando el miedo en la cara y decir "Dios va delante de mí donde quiera que vaya".

Afirmación: Hoy, aquietar mi mente a través de la oración y la meditación.

Lema: Cuando el vino está en el ingenio está fuera.

07 de Mayo

Paso Cinco

Admitir nuestros errores ante Dios, ante nosotros mismos y ante otro ser persona es muy humillante. Sin embargo, una vez que hemos hecho puede llegar a ser muy liberador. El lío es a la intemperie! De esta manera dejamos de lado nuestro orgullo por lo que podemos vernos a nosotros mismos en una perspectiva verdadera. En este proceso, tenemos que aceptar nuestra historia caótica como lo que es. La aceptación viene poco después. Recuerde que sólo tenemos que admitir nuestros errores en esta etapa. No tenemos que explicar todo ahora. Paso Cinco nos da un camino para salir del aislamiento y la soledad.

Afirmación: Hoy, elijo para hacer el trabajo de Paso Cinco frente a mis demonios y las posibilidades de rechazo. Sé que la persona en quien confío no me juzgará duramente por mi pasado.

Lema: Donde no hay pantanos no hay ranas.

08 de Mayo

Pensamiento Apestoso

La energía negativa se convirtió en la autocompasión añadido a su actitud es igual pensamiento apestoso. Todos hemos hecho. Sin embargo queremos disminuir a medida que gran parte de que a medida que podamos en nuestras vidas. El pensamiento negativo no ha conseguido nadie en ninguna parte sino hacia abajo y hacia fuera. Queremos aumentar nuestro pensamiento positivo y nuestros niveles de gratitud en su lugar. Es importante tener que fluye la energía positiva. Cuando usted se encuentra en una situación de pensamiento apestoso es el momento de empezar a rezar!

Afirmación: Hoy voy a recordar que una actitud de gratitud a su vez, todo el día alrededor!

Lema: Intimidad = In-a-me-me-veo

09 de Mayo

Enfado

La ira es una respuesta que dice "estoy herido". En primer lugar, debemos ser heridos antes de que podamos estar enojado. Tenemos una expectativa insatisfecha por lo general. Sabemos que las expectativas se reproducen resentimientos. La ira no es bueno para nosotros. Nosotros somos los que pagan un precio por todas las emociones y las respuestas físicas pasando en nuestro cuerpo. ¿Ha notado que aún cuando estamos en un espacio de la ira ya sea nuestro estómago o nuestro cuello será lastimar ya veces las dos cosas? La emoción se manifiesta en forma de energía en nuestro cuerpo y causa dolor.

Afirmación: Hoy, renunciar a la necesidad de tener razón.

Lema: La que no planificar planes para fallar.

10 de Mayo

Impotencia

Es muy importante para nosotros aprender que no podemos controlar las cosas o personas. La impotencia es un desafío para algunos de nosotros. Hemos manipulado y tratado de controlar muchas situaciones en las que estábamos usando. Negación de impotencia es una frustración sin parar. Así que aprender a aceptarlo y cuanto antes, mejor. Entrégate a tu Poder Superior y aprender a vivir una nueva forma.

Afirmación: Hoy, elijo dejar que Dios llena mi vacío interior.

Lema: Talk no cocina el arroz.

11 de Mayo

Atención Plena

Ser consciente es una elección y una forma de vida. Prestar atención a lo que dice y cómo lo dice es una sabia decisión. Estamos enviando a cabo sin parar energía. Lo que enviamos regresa a nosotros. Cuando su elección es ser consciente de la energía es todo bueno. ¿Cómo puede ser malo? No puede. La atención plena es estar al tanto de cómo se sienten y perciben las cosas. Es el uso de lo que se llama pensamiento correcto. Un ejemplo de la atención sería cuando estamos en una situación social y no dejar escapar el pensamiento de que podría exponer a alguien a la vulnerabilidad. Piense en ello como la compasión parte y el sentido común parte!

Afirmación: Hoy, elijo para resolver los conflictos de una manera pacífica.

Lema: Mi mente es a por mí.

12 de Mayo

Arrogancia

La arrogancia es un signo seguro de miedo debajo de la falsa valentía. Muestra otros que no estamos seguros de nosotros mismos, así que pusimos en una cara falsa delante de los demás. Se grita a nosotros la falta de compasión y amor propio dentro de la persona de ser arrogante. La arrogancia es una señal de que la persona tiene que trabajar en ellos mismos más. No hay necesidad de ser arrogante en este programa de transformación espiritual. No lo tome en serio y personalmente si alguien actúa de esa manera a usted o frente a ti. Ellos en realidad están pidiendo a gritos ayuda.

Afirmación: Hoy, elijo a darse cuenta de que la arrogancia en tan sólo el miedo de intentar ocultar.

Lema: Es once. ¿Sabes dónde está tu cerebro es?

13 de Mayo

Preocuparse

¿Qué ha hecho alguna vez la preocupación por nosotros? Nos ha hecho tenemos dolores de cabeza, dolores de cuello, dolores de estómago, diarrea y perdemos el sueño. ¿Estos sonido como respuestas decide tener en su vida? ¿El proceso de preocuparse cada vez resulta en un efecto positivo en su vida. ¡No! ¿Por qué no tomar en serio su recuperación y aprender a ver las cosas desde una mentalidad diferente? Es toda conducta aprendida. Cuando el impulso que preocuparse comienza diga que se trata de una opción más sabia para convertir esa energía preocupación en energía positiva. Usted podría elegir para comenzar afirmaciones, oraciones o pensar en lo que estamos muy agradecidos por su lugar.

Afirmación: Hoy, elijo cambiar las cosas que puedo y dejar que Dios se encargue del resto.

Lema: Mi ansiedad es en mi indecisión.

14 de Mayo

Transformación

El cambio puede ser emocionante! No tiene que dar miedo! La transformación viene de la palabra transformar. Para transformar algo es cambiarlo para mejor. Eso es lo que estamos haciendo con nuestras vidas en este programa. Un día a la transformación del tiempo. Es increíble lo que empezamos es un lugar muy áspera y poco a poco con la ayuda de nuestro Poder Superior nos transformamos en un ser humano más feliz y saludable! Dios está haciendo por nosotros lo que no podíamos hacer por nosotros mismos!

Afirmación: Hoy, estoy abierto a cambiar y abrir mi corazón en el amor a todos.

Lema: Trae el cuerpo y la mente de la siguiente manera.

15 de Mayo

Esperanza

La esperanza es un don que está infravalorado. Sin esperanza no podríamos estar aquí porque nos ayuda a pasar el rato en el momento siguiente, y al siguiente momento. La esperanza nos da la oportunidad de planificar para un mañana mejor y vivir en un mejor hoy. Se está enviando energía positiva en avance hacia nuestro futuro confiando en que el Dios de nuestro entendimiento será el manejo de los retos más difíciles y que vamos a ser seguro y bien. La esperanza viene de lo más profundo dentro de ti donde Dios habita.

Afirmación: Hoy en día, reconozco que es a mí a mantener viva la esperanza en mi vida.

Lema: Si no importa, no importa.

16 de Mayo

Desafíos

Cuando usted puede hacer frente a sus desafíos y decirles que su Dios es más grande que ellos estás en el camino a la victoria! Así que muchas personas rezan a Dios diciendo: "Oh Dios, mira lo grande que mis problemas son!", Le digo de pie a sus desafíos y decir "Oh desafíos, mira lo grande que mi Dios!" No va a haber problemas en su vida. No son los retos a los que debemos prestar atención. Es la manera en que manejamos los desafíos a los que nos dirán de nuestro crecimiento espiritual.

Afirmación: Hoy, elijo ya no temer a mis propios pensamientos.

Lema: Una expectativa es un resentimiento premeditada!

17 de Mayo

Soberbia

¿Alguna vez ha escuchado el viejo adagio de "el orgullo va antes de la caída"? De hecho lo hace. Orgullo malsano es sólo una situación a la espera de pasar a humillarnos. Orgullo sano es diferente. Por ejemplo, es posible que hemos sentido orgullosos de uno de nuestros hijos para graduarse de la escuela secundaria. Eso es aceptable. Siguieron a través de un programa y tuvieron éxito. Es el orgullo malsano que asoma su fea cabeza y muestra que hay que ver en nuestras vidas. El orgullo que dice "Yo soy mejor que tú". Se susurra sua

Afirmación: Hoy en día, aprendo a servir a los demás de buena gana.

Lema: No hay exceso de velocidad en la zona caminando con dificultad.

18 de Mayo

Vulnerabilidad

Para algunos de nosotros, se sienten vulnerables se equipara con la sensación de miedo. No dieron con la seguridad consistentes en nuestros años anteriores por los que fueron responsables de brindarla. Así que hemos aprendido a no bajar la guardia para que no vamos a ser atacado por otros irreflexión con palabras o acciones. Aprender a confiar en los demás y ser vulnerables con ellos lleva tiempo. Ellos nos deben demostrar constantemente que son dignos de nuestra confianza. Tome las cosas con calma y aprender a confiar en los demás comienzan de nuevo. Podemos vivir una vida donde la vulnerabilidad es seguida por una respuesta amorosa saludable.

Afirmación: Hoy en día, reconozco que tengo una gran capacidad para amar a los demás.

Lema: Si no fuera por la negación, mi vida sería una mierda.

19 de Mayo

Meditación

Disminuir la velocidad de nuestras vidas por tomarse el tiempo de nuestras apretadas agendas para meditar es un gran signo de amor propio y auto-cuidado. Aquietar nuestra mente para escuchar es una práctica que lleva su tiempo. Cuando lleguemos allí la respuesta a ella es abrumadoramente maravilloso. Obtener centrado y sentirse equilibrada es un gran regalo que le han dado a nosotros mismos. Ponerse en contacto con Dios dentro de nosotros es una bendición. No te rindas si no está trabajando para usted inmediatamente. Se necesita práctica. Simplemente deja que cada pensamiento vaya uno a la vez.

Afirmación: Hoy en día, contemplo la quietud.

Lema: Funciona si lo trabajas y eres vale la pena!

20 de Mayo

Perseverancia

La perseverancia se puede definir como perseverando o firmemente en algún estado, propósito, curso de acción, o similares, sobre todo, a pesar de la oposición, los obstáculos y el desaliento. La calidad en esta definición que pone de manifiesto nuestro carácter está en la última parte de la frase "en especial, a pesar de la oposición, los obstáculos y el desaliento. Cualquiera puede colgar en un rato. Sin embargo, los anillos de pieza últimos verdadera; en virtud de la oposición, los obstáculos y el desaliento que es muy difícil para perseverar. Esto es cuando usted sabe que está trabajando su programa - no sólo vivirlo. Funciona cuando lo trabajas!

Afirmación: Hoy, me tomo pasos para construir una nueva y saludable fundación.

Lema: Utilice el plan de veinticuatro horas.

21 de Mayo

Comodidad

¿Cómo se define la comodidad? ¿Cómo se vive en la comodidad? ¿Es la bañera de hidromasaje en la parte trasera en la cubierta y el nuevo vehículo totalmente cargado? ¿Es el congelador lleno de todas sus carnes y verduras favoritas? ¿Es el conocimiento que son amados incondicionalmente por Dios? O que Dios está guiando tus pasos? ¿Es el calor que se sienta alrededor de ciertos amigos que te quieren? Se define su comodidad externamente, internamente o ambos?

Afirmación: Hoy en día, yo hago mis decisiones desde un lugar de calma y serenidad.

Lema: Cuando todo lo demás falla seguir instrucciones!

22 de Mayo

Integridad

La integridad es un atributo interno. Es parte de lo que eres y cómo decide actuar. La raíz de esto es integral. Integral se puede definir como sea necesario para hacer completa, esencial o fundamental. Tener integridad es ser capaz de hacerte completa por estar encima de a bordo en todo lo que haces. Cuando una persona se pone en duda su integridad que se preguntan cómo va a responder a las acciones y palabras. ¿Te encuentras con honesto y auténtico o sombra y astuto. Piensa sobre esto.

Afirmación: Hoy, elijo para dirigir a otros con dignidad y respeto a sí mismo.

Lema: Respetar el anonimato de los demás.

23 de Mayo

Serenidad

Una definición de la serenidad es que es cuando usted no elige a preocuparse más por asuntos que no puedes controlar. Sabiendo que tu Poder Superior está en control y que no hay nada que ustedes dos juntos no pueden manejar evoca serenidad. Ese saber interior trae serenidad. ¿Tiene esto todavía en su vida? ¿Sigues en el miedo? Reemplace su miedo con una fe activa y que se elevará a nuevas alturas!

Afirmación: Hoy, elijo verme como conjunto y saludable!

Lema: Usted se sorprenderá!

24 de Mayo

Rendición de Cuentas

Hay una diferencia en ser responsable y ser más responsable. Uno es ser responsable y la otra es ser co-dependiente. Rendición de cuentas podría definirse en el sentido de lo que dice y decir lo que quieres decir. Se está haciendo la siguiente lo correcto consistentemente. Se perseverante a través de cuando las cosas se ponen difíciles y débil achique comienzo. ¿Es usted res

Afirmación: Hoy, elijo ser responsable de todos mis pensamientos y acciones.

Lema: Darle la vuelta!

25 de Mayo

Una Promesa

No importa lo lejos abajo de la escala hemos ido, veremos cómo nuestra experiencia puede beneficiar a otros. Es difícil imaginar cómo nuestra ingobernabilidad y el caos podría ayudar a alguien más, pero, se puede. En las habitaciones cuando estamos compartiendo puede estar sentado alguien que puede identificar con el lugar donde fuiste porque están ahí ahora. Su experiencia y la esperanza pueden ser justo lo que necesitan observar para que tengan esperanza para su propia vida. ¡Dios trabaja en formas misteriosas!

Afirmación: Hoy, elijo permitir que Dios obre a través de mí para ayudar a otros.

Lema: Practica una actitud de gratitud.

26 de Mayo

Rechazo

Nos lastimamos hasta que nos enteramos de que cuando alguien nos rechaza, no se trata de nosotros. Una vez que sabemos que si alguien nos está rechazando todo se trata de ellos, entonces nuestras percepciones cambian. El rechazo no es necesaria para su serenidad. Lo que la gente piensa acerca de usted es de tu incumbencia. Estoy seguro de que es difícil de leer. Sí, yo acabo de decir eso! Sólo tiene que mantener el rumbo y mantenerse en contacto constante con su Poder Superior.

Afirmación: Hoy, elijo sanar mi mente por perdonar a los demás.

Lema: Comparte tu alegría!

27 de Mayo

Aprobación

Aceptación comienza con nosotros y nuestro Poder Superior. Nuestro Poder Superior nos acepta incondicionalmente. Ahora tiene que hacer lo mismo. Comenzar a comenzar a vosotros mismos amorosas. Hay muchas facetas de cada uno de nosotros que están fenomenal. No estamos notando ellos todavía. Estamos hechos a imagen y semejanza de Dios. Muy dentro de cada uno de nosotros es una Chispa Divina de la Vida. Aprender a aceptar la nueva vida que hemos comenzado a crear toma tiempo. ¡Creer!

Afirmación: Hoy, elijo ser un participante activo en mi vida!

Lema: BESO: Manténgalo simple estúpido!

Mayo 28

Quedarse Atascado

Hay momentos en que tenemos de nosotros mismos atrapados en una rutina y necesitamos ayuda para salir del atasco. Cuando estos tiempos por venir, y lo harán, tenemos que profundizar y trabajar nuestro programa espiritual. Es difícil ser una rutina. La rutina es por lo general en algún tipo de proceso de pensamiento que tenemos sobre un valor personal o un defecto de carácter que todavía no estamos dispuestos a rendirse. Seamos como motivado por la rutina como los sentimientos fuertes que lo acompañan. Ir a su patrocinador y pedir orientación. Usted tiene la opción de quedarse atascado o se despegue.

Afirmación: Hoy en día, reconozco que la paz es mi objetivo.

Lema: Algunos de nosotros estamos más enfermos que otros.

29 de Mayo

Deficiencias

Deficiencias parecen gritar en voz alta cuando no estamos prestando atención. Nos dejaron y nuestros amigos sabemos que están presentes. Ellos se ven claramente por otros. No es tan fácil de ver en nosotros mismos. Nos hemos sentado en reuniones y realizado juicios sobre otros defectos sólo para descubrir más tarde que sus defectos eran más que un espejo de nuestra propia. Una vez que podamos salir de la negación que los tenemos podemos comenzar a trabajar en deshacerse de ellos.

Afirmación: Hoy, me esfuerzo para el progreso y no la perfección!

Lema: Usted no está solo!

30 de Mayo

Fe

La fe es creer en lo invisible antes de que se ve. ¿Que significa eso? Esto significa que aquellos que tienen una fe activa están pidiendo a Dios para ayudarles a ser diferente o intervenir para ayudar antes de que lo que piden que sucede. Es ver la situación que tiene fe en cambiar en el ojo de su mente antes de que los cambios en la vida real. Es que hay que verlo para creerlo? ¿O es que debemos creer que antes de que nos vemos?

Afirmación: Hoy, elijo la sabiduría espiritual sobre el miedo.

Lema: Acepte a su admisión.

Mayo 31

Serenidad

¿Te has preguntado alguna vez lo que se siente cuando usted no está teniendo que luchar argumentos autodestructivas contigo mismo en tu mente? ¿Alguna vez piensa en lo que será como cuando no apetece usar de nuevo? ¿Alguna vez piensa que usted podría optar por relajarse y pudieras? La serenidad es todo eso y más. Serenity es conseguir cómodo con Dios guía su vida. La serenidad es que encontrar una posición cómoda y amarte a ti mismo.

Afirmación: Hoy, voy a suspender mis juicios de los demás

Lema: Enfermo y cansado de estar enfermo y cansado.

Junio

1 de Junio

Impotencia

Rendirse su vida y su voluntad al Dios de su comprensión se está dando cuenta el concepto de impotencia. Reconociendo que sus mejores pensamientos y acciones que llegaron a este lugar de tener que reconstruir su vida un día a la vez es un paso importante en el proceso. Nuestro Poder Superior tiene todo el poder. Hemos estado atrapados en la ilusión de que tenemos el poder hasta que toque fondo. Incluso entonces nuestras patadas de enfermedades en la negación para tratar de racionalizar cómo nuestro comportamiento es y no es eficaz para conseguir el amor que queremos. Nuestra mente aliviado-dis nos dice repetidamente que estamos bien y es culpa de los demás. Rendirse es la respuesta.

Afirmación: Hoy, me dio por vencido miseria como una opción.

Lema: No se puede dar lo que no tienes.

2 de Junio

Negación

¿Alguna vez ha pelado la espalda una cebolla? Si usted tiene, usted sabe que cuando pelar una capa hay más capas debajo. La negación es como pelar una cebolla. Usted comienza a trabajar su programa. Usted hace su inventario. Usted trata con temas de la primera ronda de trabajo emocional. Entonces usted piensa a sí mismo "bien, ya no estoy en la negación de nada". Luego de su viaje se profundiza. Usted encuentra cada vez más negativa a trabajar. Esto es lo que sucede. Haz tu trabajo. Crecer a ti mismo. ¡Dejar ir y dejar a Dios!

Afirmación: Hoy, estoy abierto al pensamiento positivo.

Lema: La fe se deletrea A..c..t..i..o..n ..!

3 de Junio

Compromiso

¿Qué significa para usted cuando usted hace un compromiso? Es una mosca por el asiento de su contrato de pantalones? ¿Has puesto alguna pensamiento en él? ¿Qué estás de acuerdo en hacer o elegir no hacer en su compromiso? Un compromiso es un compromiso, un acuerdo o una promesa. No es prudente que se comprometan a alguien o algo y luego retirarse. Cuando usted da su palabra que ha dado a su honor y su integridad. Escoge sabiamente.

Afirmación: Hoy, elijo permanecer en el momento presente.

Lema: Yo quiero lo que quiero cuando lo quiero. Usted conseguirá lo que usted consigue cuando usted lo consigue.

4 de Junio

Reuniones

Las reuniones son un componente esencial de nuestro proceso de recuperación. En las reuniones, aprendemos tanto la sabiduría de aquellos que tienen más tiempo que nosotros. En las reuniones, experimentamos un espacio seguro para ser nosotros mismos en toda nuestra desesperación y en nuestro triunfo. Creamos una comunidad de familia que nos enseña la intimidad, la honestidad, la integridad, la dulzura, la impotencia, el dolor, el sufrimiento, la ira, la alegría y la serenidad. Las lágrimas pueden caer y el dolor se puede sentir. Recibimos una pepita de oro de los conocimientos de cada reunión si estamos escuchando. Tenemos la oportunidad de celebrar nuestra recuperación juntos. Fabricantes de reuniones hacen que sea!

Afirmación: Hoy, elijo ser una persona gentil amable.

Lema: EGO: Bordes Dios Fuera

5 de Junio

Honor

Honor se puede definir como la honestidad, la justicia, o la integridad de las creencias y acciones. Puede incluir que se celebra en alta estima por un individuo o un grupo de personas. También se utiliza como sustantivo como en el honor se le dio al ganador del premio. Ambas definiciones implican un problema con el buen carácter de uno que otros puedan ver. En nuestro programa, honras a ti mismo al permanecer en el camino hacia la recuperación y el trabajo de su programa. Usted está honrado por su éxito en su aniversario cada año. Puede ser honorable con los demás mediante el mantenimiento de su integridad y honestidad. ¿Qué hace tu honor parece en su vida hoy?

firmación: Hoy, elijo dejar cualquier situación que me impiden avanzar de ser lo mejor que puedo ser.

Lema: Recuerde que está bien mirar atrás ... simplemente no mirar.

06 de Junio

Equilibrio

El equilibrio es un concepto difícil de vivir. Se necesita práctica para hacerlo bien. Primero y ante todo su programa de recuperación necesita su atención. Si usted no es todo lo sana demás cae a pedazos. El trabajo, el descanso, la relajación, las responsabilidades de todo ser competitiva por su tiempo. ¿Cómo hacer que todo funcione? Un día a la vez y en un momento en un momento durante el día. ¡Puedes hacerlo!

Afirmación: Hoy, me niego a permitir que los temores irracionales que me controlan.

Lema: El miedo es la falta de fe.

7 de Junio

Desafíos

La realidad es que no va a haber problemas en nuestras vidas. Lo primero que tenemos que hacer es ir a nuestro Poder Superior y entrega a Dios cuando se presenten. Algunas cosas que podemos manejar por nosotros mismos. Otros necesitan de la intervención divina! El desafío es tan grande como lo haces en tu mente. Detenga su pensamiento apestoso y dejar ir y dejar a Dios.

Afirmación: Hoy, acepto que hay posibilidades ilimitadas!

Lema: La ventaja de perdón es el resentimiento.

8 de Junio

Pena

Tenemos que dejar que nuestro dolor se mueve a través de nosotros. Hay que sentirlo y luego dejarlo ir. La parte dejar ir puede ser tan difícil como la sensación que para algunos de nosotros. Podemos dejar que nuestro dolor nos alcance y perder nuestro camino. La pena no es algo que se va a desaparecer de inmediato. Hay un proceso a ella y todo el mundo trabaja a través de una manera diferente. El aferrarse a él más allá de un período de tiempo saludable significa estamos identificando con él como víctima. Asegúrese de que no se está permitiendo ir allí. Hable con un consejero o su patrocinador.

Afirmación: Hoy, me permito afligen sin diálogo interno negativo.

Lema: La depresión es la ira se volvió hacia el interior.

9 de Junio

Ejercicio

Tiempo para doblar y estirar! Parte del autocuidado es cuidar de nuestros cuerpos y mentes. No es suficiente para dejar de usar nuestros fármacos de elección. Tenemos que ayudar a nuestro cuerpo a volver en equilibrio. El ejercicio no sólo ayuda al cuerpo sino que también ayuda a la mente! Caminando por unos bloques a unas pocas millas vigorizará usted. Correr o trotar creará una gran fuerza cardiovascular. Golpear el gimnasio para ejercer la fuerza la voluntad de sus músculos y espero construir su cuerpo de la manera que usted quiere que sea.

Afirmación: Hoy, elijo hacer un gol de lo que los tiempos de ejercicio puedo crear en mi vida.

Lema: Aceptación sin gratitud no es real.

10 de Junio

Descanso

El descanso es más que dormir bien por la noche o tomar una siesta. Ambos son grandes en y por sí mismas. Descansar incluye el tiempo de no hacer absolutamente nada. Descansar incluye apagar los teléfonos celulares y escalofriante. Puede incluir la obtención de un masaje o un poco de trabajo de la energía Reiki. No es sólo dormir. Descansar es ... bueno ... descansando! Descansar está tomando con calma. Tal vez una hora en la hamaca con un buen libro es una opción de descanso para usted. El objetivo es el tiempo justo para usted. Descubra este y programarlo en su vida hoy!

Afirmación: Hoy, elijo a escuchar mi voz interior.

Lema: La suerte está viviendo bajo conocimiento correcto.

11 de Junio

Un Dia a la Vez

La vida tiene un montón de retos. Tenemos que crear una mentalidad que dice que podemos hacer frente a desafíos de frente con la ayuda de Dios. Eso significa que sólo tenemos que lidiar con la actualidad. Tomando nuestros desafíos un día a la vez crea una nueva forma de pensar. No podemos hacer nada sobre el pasado, sino aprender de ella. Mañana no está aquí todavía. Vive en el presente ... en la actualidad. Mañana vendrá con su propio conjunto de retos y bendiciones.

Afirmación: Hoy, estoy agradecido por la gracia.

Lema: Un día a la vez!

12 de Junio

Vulnerabilidad

Sintiendo expuesto y cruda es incómodo para muchos de nosotros. La vulnerabilidad se puede sentir de esa manera para usted. La conciencia de que usted no está vigilado con tu energía es una buena toma de conciencia. Es una experiencia nueva para la mayoría de nosotros. En nuestra vulnerabilidad es nuestra mayor fortaleza. Siéntelo y sabes que vas a sobrevivir a la experiencia. Dios es el manejo de sus asuntos hoy. Inhale y exhale. Confía en el proceso.

Afirmación: Hoy, estoy dispuesto a dejar de lado viejos patrones negativos de otras mejores!

Lema: Sólo Dios puede tomar un lío y convertirlo en un mensaje.

13 de Junio

Enfado

¿Tiene la ira que ha estado durante meses o años dentro de ti enconada? Si lo hace, es tiempo de manera más allá de dejarlo ir. Todo lo que está haciendo es hacer que se enferme! Su ira ya no es justificable. ¡Supéralo! No importa lo que alguien ha hecho o dijo que no está sirviendo a mantener que en el interior de ustedes. Por cierto, no están haciendo daño ellos! Da tu ira lejos hoy a su Poder Superior. Usted se sentirá mejor cuando lo haces!

Afirmación: Hoy, me dejo llevar por mi enojo y encontrar mis lágrimas.

Lema: La ira es sólo una letra fuera de peligro.

14 de Junio

Oración

Buenos días a Dios! ¿Cómo estás hoy? Divino? De hecho, tú eres! Gracias a Dios que estoy vivo, trabajando mi programa, no en un hospital, una cárcel o muertos. Gracias porque me siento querido. Gracias por el cielo, las nubes, las mariposas y los pájaros. Gracias por la risa, el dolor, la alegría y la gracia. Gracias por tener mi espalda! Gracias por mis nuevos amigos, mi padrino y la curación de adentro hacia fuera usted!

Afirmación: Hoy en día, voy a encontrar maneras positivas para alimentar mi espíritu.

Lema: Cuando sonríes tu cerebro piensa que usted es feliz!

15 de Junio

Sabotear

¿Has notado cómo hay un momento en que usted piensa que tiene todo lo que sucede en la dirección correcta y luego tomar una decisión que destruye algo importante? Bienvenido a sabotear. Hemos creado nosotros mismos echar a perder cuando esto sucede. Sin culpa necesario. Muchos de nosotros tenemos un miedo al éxito ... no es un miedo al fracaso. Sabemos fracaso. Cuidado con el sabotaje. Se mostrará dónde y cuando menos te lo esperas. Dos grandes áreas que aparecen en son las finanzas y relaciones. Tenga en cuenta.

Afirmación: Hoy, os animo a otros.

Lema: La enfermedad es progresiva. También lo es la recuperación.

16 de Junio

Consciente Contacto

¿Has notado cuando usted está escuchando una canción favorita y te encuentras a ti mismo cantando en voz alta y disfrutar de ti mismo que eres en ese momento de alegría? Incluso con una canción triste no es el momento en que usted ha tenido un contacto consciente con Dios. ¡Sí! Dios está en la música y en todo lo demás también. Consciente contactos son la gracia en la experiencia. Mirando a los ojos de un bebé, salir con su mascota, celebrando el touchdown de fútbol se está conectando con el amor, la alegría y Dios. Dios, el amor y la alegría son parte de todo!

Afirmación: Hoy, elijo alegría!

Lema: El final es donde se parte de!

17 de Junio

Coraje

Coraje está dando un paso hacia adelante en un área de dificultad sin una solución en mente, confiando en que toda la ayuda que necesita estará disponible. Esto está tan cerca de una definición de fe que creo que podría definir tanto! Coraje está sintiendo el miedo involucrado en una nueva experiencia de vida y de seguir adelante y hacerlo de todos modos!

Afirmación: Hoy, elijo el amor y la comprensión.

Lema: El valor es el miedo en acción!

18 de Junio

Responsabilidad

El mundo es un escenario y todos somos actores. Cada actor tiene un papel único y es responsable de sus propias acciones. Responsabilidad significa hacer lo correcto sin importar lo puede ser grande o pequeña la tarea ni si alguien más sabe que está haciendo lo correcto o no. Cada uno de nosotros tiene un papel especial que desempeñar en el hacer del mundo un lugar mejor.

Afirmación: Hoy, elijo aprender de mis obstáculos.

Lema: ¿Cómo trabajamos nuestra recuperación> La honestidad, apertura y voluntad!

19 de Junio

Enfermedad Progresiva

La adicción y el alcoholismo son enfermedades progresivas. Esto significa que siempre van a empeorar, siempre y cuando la persona sigue usando. Puesto que no hay cura, si una persona comienza a usar de nuevo, él o ella pronto estará de vuelta a donde él / ella fue cuando él / ella se detuvo. Sí esto significa si tiene una recaída y empezar a usar otra vez será más difícil conseguir más rápido!

Afirmación: Hoy, acepto que hay posibilidades ilimitadas en mi vida!

Lema: Deja ir de mensajes antiguos!

20 de Junio

Soberbia

El orgullo no es siempre una mala cosa. Verdadero orgullo es reconocer y ser conscientes de los cambios que ha realizado y los logros en el que ha tenido éxito. No hay absolutamente nada de malo con un poco de sano orgullo. Sabiendo que usted ha hecho tan grandes cambios tiene que sentirse bien por dentro. Es importante y saludable para tener un poco de orgullo cuando lo has hecho bien. Es entonces cuando la auto - estima aparece también. Usted tiene derecho a estar orgullosos cuando se ha hecho bien.

Afirmación: Hoy, elijo estar orgulloso de mis logros y cambios.

Lema: Conseguir ... darle ... crecer en ella!

21 de Junio

Comodidad

Hemos puesto nuestra comodidad en muchas cosas en el pasado: alcohol, drogas, comida, sexo, juego, y más. Parecía tan fácil de hacer. Es tan difícil de conseguir lejos de. Desde entonces, hemos aprendido que tenemos que conseguir nuestra comodidad internamente en vez de externamente. Comfort puede venir de un trabajo bien hecho, una conversación mantenida sin una guerra, la paz en lugar del caos, la meditación, la oración y la contemplación. Aunque, una taza de té caliente cuando tenemos un dolor de garganta es reconfortante. Piense en el equilibrio.

Afirmación: Hoy, estoy agradecido por las comodidades internas que han entrado en mi vida.

Lema: Este es un programa egoísta!

22 de Junio

Confianza

¿Qué hace usted cuando usted consigue lo que usted llama "malas noticias"? ¿Reacciona y luego reacciona más? ¿Te deje lo que está haciendo y oren al respecto? ¿Le falta a un amigo para hablar? ¿Qué hay de correr a un amigo a rezar? Confía en que cualquier cosa y todo lo que sucede tiene una razón. Usted no puede saber la razón ni ahora ni nunca. Hay una razón. Confía en que la historia que usted está haciendo hasta acerca de la mala noticia es sólo eso. Es una historia. Cambie su forma de pensar. Ver otra manera!

Afirmación: Hoy, elijo a enfrentar mis miedos a sabiendas de que no son tan poderosos como mi Poder Superior.

Lema: Trabajar el programa de cintura para arriba.

23 de Junio

Adicción

La adicción puede ser definida como anormalmente tolerantes y dependientes de algo que está psicológicamente o físicamente hábito formando. Ahora vamos a añadir que también puede ser emocional y espiritualmente devastador. NO a este divertido sonido? Creemos que no! Tenemos una enfermedad y podemos recuperar de ella con la ayuda de Dios. Si olvida la definición con tan sólo mirar en el espejo y recordar la que de ese período de tiempo.

Afirmación: Hoy, elijo un baño caliente y un buen libro, un almuerzo de picnic con un ser querido y un par de abrazos cálidos para ayudarme a lo largo.

Lema: De la dependencia encontramos independencia.

24 de Junio

Co-dependencia

En la co-dependencia que tenemos una tendencia a comportarse de manera excesivamente pasivas o excesivamente caretaking que impactan negativamente en nuestras relaciones y la calidad de vida. También se encontró que muchas personas son demasiado dependiente de alguien para su aprobación o sensación de control de la propia vida. En términos clínicos menos, la codependencia es cuando empezamos caretaking la vida de alguien más que nosotros nos encargamos de nuestra propia porque sentimos que son más importantes.

Afirmación: Hoy en día, me doy permiso a querer más en mi vida. Soy digno.

Lema: Dale tiempo ... tiempo!

25 de Junio

Relajación

Es la semana difícil en el trabajo que te lleva hacia abajo? ¿Es necesario que las horas extraordinarias, ahora que lo puede conseguir? ¿Se siente como que todo está entrando en este momento? Por favor, tómese un descanso de relax. No tiene que ser por mucho tiempo. Pero sí tiene que suceder. Descanso y relajación son necesarios para prevenir una recaída. Ámate a ti mismo lo suficiente como para darse el auto cuidado que necesita.

Afirmación: Hoy en día, voy a encontrar un momento agradable para mí.

Lema: Lento pero seguro!

26 de Junio

Una Promesa

"Ese sentimiento de inutilidad y la autocompasión desaparecerá". ¿Recuerdas cuando lloraste y oró para que eso suceda? Recuerde que cuando usted comenzó a ver las cosas de otra manera? Recuerde primero en que se sintió como si pertenecías a nuestra Comunidad? Esta es una promesa que puede hacerse realidad para usted y los demás. Tenemos que compartir esta promesa de mantener esta promesa.

Afirmación: Hoy, elijo disfrutar del don de la vida.

Lema: El progreso no la perfección!

27 de Junio

Sexto Paso

Tenemos que llegar a ser enteramente dispuestos a dejar que Dios nos liberase de todos nuestros defectos de carácter. Sé que Dios contento llega a hacer la mayor parte de este trabajo. Sólo tenemos que han llegado a nosotros mismos enteramente dispuestos. Esa es nuestra responsabilidad. Entonces Dios va a trabajar en los trabajos más duros. Los defectos de carácter - la falta de honradez, la codicia, el control, el poder, el comportamiento egoísta, sí se ejecutarán amuck sólo para empezar! Cuando estamos enteramente dispuestos a que Dios haga la parte de Dios va a ver los milagros comienzan a suceder en su vida como si nunca podría haber imaginado. Sólo tienes que hacer y ver!

Afirmación: Hoy, elijo ser responsable de mis palabras y acciones.

Lema: Trate de sustituir dorada con gratitud.

28 de Junio

Frustración

Es tan fácil sentirse frustrado! Las cosas no funcionan de la manera que ellos cada vez planeamos. Creamos estas historias en nuestras mentes de cómo algo es jugar fuera. Ya sabes, el que voy a conseguir a la chica, tiene una casa con una cerca blanca y ser feliz para siempre la expectativa? Sabemos resentimientos expectativas raza. Aquí está el nuevo pensamiento para tener en cuenta: Las expectativas se reproducen frustración cuando no va la forma en que planeamos. Trate de confiar en el proceso y la planificación para dejar que Dios tiene una mano en su plan.

Afirmación: Hoy, voy a recordar lo bendecidos realmente soy!

Lemo: Pásalo!

29 de Junio

Golpear Bottom

Tocar fondo es cuando un adicto tiene una derrota física, mental y espiritual completa. La condición cuando todo el poder que una persona tiene de las relaciones familiares y sociales, a la pérdida de empleos, a la negación de seguros, a las amistades destruidas y / o todo el dinero se pierden antes de que alguien va a aceptar ayuda. Golpear Abajo también se conoce como tocar fondo. La desesperación finalmente toma el control y la posibilidad de aceptar ayuda es menos condicional.

Afirmación: Hoy en día, voy a crear una mentalidad de fiesta y de la victoria sobre mis desafíos.

Lema: Donde ir ... ahí estás!

30 de Junio

Serenidad

Hoy, mi intención es ser una bendición para otros. Hoy, quiero entender más que ser entendido. Hoy, quiero ser un oyente activo y no el centro del escenario. Hoy quiero hacer algo bueno por alguien sin que nadie más lo sepa. Es simplemente un acuerdo entre Dios y yo. Hoy en día, este tipo de acciones me dará mi serenidad!

Afirmación: Hoy, voy a fluir con mis Corrientes conocimiento interno de mi Poder Superior me está guiando.

Lema: Unión hace la fuerza. Dividido nos escalonar.

Julio

1 Julio

Determinación

La determinación es la fuerza que le permitirá pasar la barrera de pensamientos inútiles para crear pensamientos positivos y para tener éxito en lo que quieras. Viene desde dentro. Su pareja es la paciencia. La paciencia te enseña a no empujar, sino más bien que esperar y apreciar el juego de la vida en lugar, sabiendo que nada permanece igual, y todo va a cambiar en algún momento. ¿Dónde se encuentran estos rasgos? Usted los encuentra dentro de ti!

Afirmación: Hoy, me centraré en mis metas.

Lema: Tome lo que usted puede usar y dejar el resto.

2 de Julio

Gracia

La gracia es un don espiritual que nos es dada libremente. También es algo que se dice antes de sus comidas. Sin embargo, estamos hablando de la donación. Es el amor incondicional y la sincronía del Universo juntos. Don divino de Dios del perdón, la misericordia, la compasión, la bondad, el amor, el cuidado, consideración, protectora, consideración y más. Se trasciende la conciencia en su mejor momento. Gracia maravillosa…

Afirmación: Hoy en día, voy a aceptar permitir que el proceso de curación para empezar!

Lema: Esperar milagros!

3 de Julio

Aceptación

La aceptación se aprende más eficazmente cuando ver las personas y experiencias en nuestras vidas de manera diferente de lo que tenemos en el pasado. La voluntad de ver las cosas de manera diferente es todo lo que necesitamos. Cada vez que respondemos a una situación con amor y compasión en lugar de ira, el miedo, el odio, los celos o creamos una vida más pacífica. Cambio positivo ocurre un paso a la vez.

Afirmación: Hoy, estoy dispuesto a ver de otra manera.

Lema: No se puede dar lo que no tienes.

4 de Julio

Libertad

Somos libres para estar con todas nuestras fortalezas y nuestras debilidades. Somos libres de hacer cambios como mejor nos parezca. Somos libres para tener nuestras propias creencias espirituales y la elección de cómo vivir en ellos. Hemos sido bendecidos con la libertad. A veces nos olvidamos de lo que realmente somos libres. La libertad ha sido un gran regalo!

Afirmación: Hoy celebro mi libertad!

Lema: Sólo por hoy ...

5 de Julio

Auto Cuidado

El cuidado personal incluye el cuidado de su mente, cuerpo y espíritu. La lectura de buenos libros de autoayuda nos ayuda a aprender nueva información para alimentar nuestra mente. Los pensamientos crean la acción. Los pensamientos son poderosos. Elija a leer algo nuevo para alimentar a su mente y alma. Tu mente es una cosa terrible a perder. Recoge una buena información positiva y empezar a absorber como una esponja.

Afirmación: Hoy, voy a vivir en el momento del Ahora.

Lema: No puedo manejarlo Dios ... lo lleve encima.

6 de Julio

Entusiasmo

La palabra entusiasmo proviene de dos palabras: la raíz sen - en o dentro - y theos - Dios / Divino. Significa tener a Dios dentro o ser uno con Dios. Las personas con entusiasmo son contagiosos en una muy buena manera. Las personas con este regalo llevan un tipo especial de energía. Ellos traen vitalidad, calidez y energía positiva a sus relaciones y emoción a sus actividades.

Afirmación: Hoy, voy a ser entusiasta con los demás.

Lema: Si dios es su ASIENTOS -SWITCH copiloto!

07 de Julio

Adicción

La adicción es una enfermedad crónica, progresiva que se caracteriza por el uso continuado de una sustancia a pesar del hecho que causa daño físico, psicológico o social, o los tres. Cuando esto sucede, vemos a la persona que está en la adicción comienza a deteriorarse en frente de nuestros ojos. Es sólo una cuestión de tiempo antes de que el auto-destrucción y odio auto carcomen reservas núcleo interno del adicto. Desastres es un hecho.

Afirmación: Hoy, voy a abrazar una nueva forma de pensar!

Lema: Sólo son tan enfermos como nuestros secretos.

8 de Julio

Estar Presente

Estar presente en la vida espiritual siempre tiene dos significados. Hay presentes, como en que estoy aquí. Hay presentes, como ahora, un momento del tiempo. ¿Cuál es la práctica espiritual de estar presente? Estar aquí ahora. Las religiones del mundo todos recomiendan vivir el momento AHORA con plena conciencia. Hindúes, taoístas, el budismo, el judaísmo, el islamismo, Christian y otros maestros nos instan a aprovechar al máximo cada día como una oportunidad que no va a venir a nosotros de nuevo.

Afirmación: Hoy en día, confío en que Dios está haciendo por mí lo que yo no he sido capaz de hacer por mí mismo.

Lema: Si Dios parece estar muy lejos que se mudó?

09 de Julio

Negación

El concepto es importante en los programas de 12 pasos, donde el abandono de la negación es vital para un cambio de comportamiento. La capacidad de negar un problema o minimizar sus efectos es fundamental para permitir que un adicto a continuar su comportamiento frente a la evidencia de que, para otros, parece abrumadora. Nos negamos a reconocer o ver la verdad porque la verdad es difícil de aceptar. Así que nos quedamos en la negación hasta que duela más por estar en la negación de lo que hace para cambiar!

Afirmación: Hoy, voy a ser responsable de todas mis acciones.

Lema: La negación es más que un río en Egipto.

10 de Julio

Compasión

La compasión es un sentimiento profundo de nosotros y también es una forma de ser. Cuando se mudó a sentir el sufrimiento de los demás y se mueven en su nombre que ha crecido a un nivel más profundo de la compasión. Buda y Jesús son los Maestros más conocidos de la compasión. Es una de las virtudes centrales que se imparten en sus enseñanzas. La práctica espiritual de la compasión es a menudo comparado a abrir el chakra del corazón. En primer lugar, permítete sentir su propio sufrimiento. No te alejes de dolor. Vaya por delante y avanzar hacia ella con dulzura y amor. Entonces permítete sentir el sufrimiento de los demás. Ir con la conciencia de su dolor y ser amable.

Afirmación: Hoy, voy a tratar de entender en lugar de Practica una actitud de gratitud.

Lema: Practica una actitud de gratitud.

11 de Julio

Atención

La atención también se conoce como la atención, la conciencia, y la concentración. Es una práctica primaria de disciplinar nuestras mentes para mantener la concentración. Antes de la recuperación de la única cosa que la mayoría de se centraron en estaba usando y cubriendo nuestras pistas. Se necesita práctica en conseguir y mantener la concentración para llegar allí fácilmente. Corremos el riesgo de que faltan elementos críticos de nuestra vida espiritual, como momentos de gracia, las oportunidades para la gratitud, la evidencia de nuestras conexiones con los demás, los signos de la presencia del Espíritu si no prestan atención. La buena noticia es que la atención se puede practicar en cualquier lugar, en cualquier momento en nuestras vidas.

Afirmación: Hoy, elijo a prestar atención a todo lo que pasa a mi alrededor.

Lema: Usted intuitivamente saber.

12 de Julio

Silencio

El silencio se refiere a menudo como la cueva del corazón, el santuario interior y el centro sagrado donde Dios / Espíritu Santo mora. El silencio es diferente que el aislamiento. El aislamiento está cerrando fuera de ti mismo. S ilence es encontrar la paz interior. Las personas han utilizado esta práctica como una parada de descanso y renovación en el viaje espiritual por siglos. Proporciona una manera de retirar periódicamente del mundo. Usted puede entrar en el silencio como un preludio a la oración, o puede buscar como el lugar donde a través de la meditación puede comunicarse con su ser más profundo y su Poder Superior. Encontrar un espacio en la revista Nature donde usted puede sentarse en silencio. Ir allí cada día. Es la vía a su Espacio Sagrado Segura. Ir allí cada día.

Afirmación: Hoy en día, elegir tener un período de 15 minutos de silencio lejos de todos los demás.

Lema: Que la paz comience conmigo.

13 de Julio

Comunicación

La calidad de nuestras relaciones con los demás se determina por la honestidad de nuestra participación en nuestras reuniones. Al mostrar sus vulnerabilidades al grupo que está demostrando que usted confía en ellos. Ellos pueden sentir la misma confiabilidad y compartir sus pensamientos y preocupaciones con usted. Esta es la comunicación en su núcleo. Vulnerabilidad = Confianza + Bonding. Todos queremos ser escuchado y oído. Por turnos aprender a confiar es una gran manera de crear la intimidad saludable en nuestras amistades.

Afirmación: Hoy, he optado por ser auténtico en todas mis relaciones.

Lema: Debe ser sencillo.

14 de Julio

Transformación

La transformación incluye las renovaciones personales que vienen con un despertar espiritual. Con la transformación viene sanación y la integridad. Cubre la profundización que se produce cuando nos ponemos en contacto con nuestro Poder Superior. Transformación por lo general implica el derramamiento de viejos patrones de comportamiento especialmente aquellos que se han convertido en una pesada carga. Esta práctica, al igual que en los 12 pasos, proclama que no importa quién eres, no importa lo que ya ha pasado a ti, no importa lo que has hecho, todavía es posible ser y hacer algo nuevo.

Afirmación: Hoy, me abro a la transformación. Le pido a mi Poder Superior me transformar suavemente desde adentro hacia afuera.

Lema: Trate de no poner condiciones en su recuperación.

15 de Julio

Una Promesa

"Vamos a perder interés en cosas egoístas y tener interés en nuestros compañeros." Trabajar en nuestro programa nos ofrece la oportunidad de salir del egoísmo y en preocuparse por los demás. Ya no somos el ser absorbido adicto. Somos seres espirituales teniendo una experiencia humana con la compasión, la comprensión consideración y amabilidad a los demás en nuestro corazón y mente. Es una transición maravillosa haber hecho. ¿Ya llegaste?

Afirmación: Hoy, elijo creer que me estoy poniendo mejor y mejor!

Lema: La voluntad es la clave.

16 de Julio

Gracia

La gracia es un don de Dios. Viene a nosotros en la iniciativa de Dios. Hay algunas cosas que sabemos acerca de la gracia. No podemos ganarlo. No podemos controlarlo. Ni siquiera tenemos que merecer la gracia. Acepte que usted es aceptado. Recepción Práctica. Práctica de aceptar el amor sobre todo cuando no nos sentimos dignos. Práctica recibir regalos con humildad, alegría y cómodamente. Práctica aceptar la ayuda de otros. Aviso cuando presenta y presencia vienen a usted sin su esfuerzo. Esta es la gracia.

Afirmación: Hoy en día, voy a estar disfrutando a día sabiendo que Dios está en control.

Lema: Dios nunca llega tarde.

17 de Julio

Esperanza

La esperanza es un proceso de pensamiento que nos indica que todo va a estar bien. Es una de las construcciones de nuestro pensamiento que nos permite encontrar el punto de vista positivo, en cualquier circunstancia dada. Mantener viva la esperanza es una causa importante en nuestras vidas para que podamos seguir adelante incluso en la hora más oscura sabiendo que la luz del día vendrá otra vez y otra vez. Nuestra desesperación nos destruiría Si no tuviéramos esperanza! ¡Mantén viva la esperanza!

Afirmación: Hoy, voy a animar a otros a tener esperanza.

Lema: Más será revelado.

18 de Julio

Rechazo

Se necesita práctica en nuestro pensamiento para llegar al punto de no tomar el rechazamiento personalmente. Cuando alguien decide rechazarnos no se trata de nosotros. Es todo acerca de ellos y de sus procesos de pensamiento, las respuestas de miedo y perspectiva. No podemos tomar como algo personal porque no es personal. Es su proceso. Nuestro trabajo es ser la comprensión de la situación y proteger nuestras fronteras. Sólo porque alguien está vertiendo sus cosas en que no significa que sea cierto. Esto hace que sea ellos dumping sobre usted. Usted no tiene que aceptarla como una verdad. Es lo que es.

Afirmación: Hoy, acepto que el rechazo de los demás no tiene nada que ver conmigo y todo que ver con ellos.

Lema: El rechazo es la protección de Dios.

19 de Julio

Alcanzandolo

Cuando éramos más jóvenes la mayoría de nosotros no tenía a alguien para ir a cuando teníamos miedo o confusión. Nos enteramos de la realidad fría y dura que nadie iba a estar allí para nosotros, para averiguar por nuestra cuenta. Nuestra mejor pensamiento nos trajo hasta aquí. E n la Comunidad, nos tenemos el uno al otro para ayudarnos a encontrar nuestra serenidad, responder a nuestras preguntas y estar presente para ver los milagros suceden. Ahora tenemos que aprender a extender la mano y pedir ayuda. Alguien estará allí para nosotros si estamos trabajando en nuestro programa.

Afirmación: Hoy voy a llegar a alguien más en la bondad y comprensión.

Lema: La ayuda está a sólo una llamada telefónica de distancia.

20 de Julio

Patrocinadores

Este programa de recuperación espiritual funciona si seguimos todos los pasos y hacer el trabajo. Una de las opciones más importantes que hacemos es en la selección de un patrocinador que nos ayude. Necesitamos la orientación y el duro amor de un patrocinador con experiencia para ayudarnos a ayudar a nosotros mismos. No podemos mantener el mismo patrocinador siempre. Sin embargo, que vamos en busca de orientación, sin duda nos proporciona una base más estable para el crecimiento. Se requiere una comunicación regular con nuestro patrocinador para pasar por el proceso. No estamos solos nunca más. Somos amados por quienes somos.

Afirmación: Hoy, voy a llamar a mi padrino y darles las gracias por guiarme a casa!

Lema: Patrocinadores --- tener uno --- utilizar uno --- ser uno!

21 de Julio

Egoísmo

Se nos ha enseñado a pensar que el egoísmo es un rasgo negativo comportamiento. Hoy, me estoy animando a pensar en el egoísmo como un rasgo de comportamiento positivo. Ver el egoísmo como una mentalidad sana por sí mismo. Lo ven como un modelo de creación de la curación y la salud para usted. No es egoísta para optar por cuidar de sí mismo y el trabajo de su programa. Ser lo suficientemente egoísta para crear límites saludables por sí mismo con respecto a los demás en su vida. Ser lo suficientemente egoísta como para cuidar de su negocio en primer lugar y crear una base positiva en su vida de la recuperación.

Afirmación: Hoy, elijo ser egoísta de una manera positiva en mi vida.

Lema: Mantenga su recuperación primero en hacer que dure!

22 de Julio

Cambiar

El cambio es aterrador para muchos de nosotros. Cambio trae ansiedad por no estar en nuestras ilusiones de control. Cambio causa malestar porque no sabemos lo desconocido. Podemos aprender a hacer cambiar nuestro amigo. Podemos dar la bienvenida a un cambio con los brazos abiertos! Podemos estar dispuesto y abierto y confiado de que los cambios que se avecinan para nosotros son en realidad para nosotros! Podemos entregar al proceso y dejar que el cambio suceda con suavidad y confort. Estos son los cambios que tenemos una elección en la toma.

Afirmación: Hoy, elijo aceptar los cambios en mi vida.

Lema: El cambio es un proceso, no un evento.

23 de Julio

Dolor

Todos hemos sentido el dolor - emocional, física, espiritual y desarrollo. ¿Qué significa el dolor? Podría significar que tenemos que mirar dentro para ver lo que está provocando nuestros procesos de dolor? ¿Podría significar estamos sufriendo por algo que tenemos que resolver? ¿Nos lastimamos a nosotros mismos o alguien más por nuestras acciones o falta de acciones? No va a durar para siempre si no nos aferramos a ella para siempre. Esto también pasará.

Afirmación: Hoy, elijo ver que el dolor es un mensaje para decirme que mirar más profundamente en su interior.

Lema: El dolor es la piedra de toque del crecimiento espiritual.

24 de Julio

Sufrimiento

Usted puede haber oído este comentario en las habitaciones: "El dolor es inevitable. El sufrimiento es opcional. "Tenemos una opción en la forma en que vemos las cosas. Fuimos criados para ver el mundo desde una perspectiva. Sin el conocimiento de nosotros hay otras maneras de ver el mundo! Mucha gente ve diferente a nosotros. Tenemos la oportunidad de elegir cómo vamos a reaccionar o responder a las situaciones en las que se trata de sufrimiento. La vida va a tener dolor en ella. Pero no es necesario el sufrimiento. Podemos aprender a ver el mundo sin sufrir un día a la vez.

Afirmación: Hoy en día, yo hago una elección consciente para tomar conciencia de lo que estoy mirando el mundo.

Lema: Yo era un grito en busca de una boca.

25 de Julio

Controlar

Nos encanta controlar! Se siente fuerte. Sentimos que estamos a cargo. Nuestros egos están en marcha. Recuerde que incluso cuando estaba en su mejor en control de su vida aún estabas fuera de control en su vida. Inmanejable. Caótico. En la adicción activa. El control es una ilusión. El único que tiene el control es Dios. Período. Tenemos que recordar esto mientras caminamos nuestro camino de la recuperación actual.

Afirmación: Hoy, elijo renunciar a mis ilusiones por lo que controlar y entregarla a mi Poder Superior.

Lema: El miedo es un cuarto oscuro para el desarrollo de los negativos.

26 de Julio

Atención Plena

Recuerde que si usted pensar constantemente acerca de su falta - lo que usted no tiene - usted alimentar y desarrollar esa falta en su vida. Sus pensamientos son como imanes y atraen más de lo mismo. Sin embargo, una vez que reprogramar tu mente con la prosperidad positivo pensamientos conscientes e ideas, sus imanes de pensamiento atraerá prosperidad positivo en su vida. Es hora de volver a entrenar la mente un poco más!

Afirmación: Hoy me doy cuenta de que mis pensamientos crean mi mundo.

Lema: Los resultados están en manos de Dios.

27 de Julio

Valor

"El valor es el miedo que ha dicho que sus oraciones y decidió seguir adelante de todos modos." Esta cita es una de Joyce Meyers, que añadió que desde Dorothy Bernard. Es un gran ejemplo de cómo seguimos adelante incluso cuando tenemos miedo. Cuando nos enfrentamos a nuestros miedos se desvanecen. El poder en nuestros miedos es el poder que les damos. Ellos no lo hacen por su cuenta tienen poder. Nos alimentamos de ellos. Así, podemos unempower con la misma facilidad. Usa tu valentía para fortalecer a ti mismo internamente. ¡Puedes hacerlo!

Afirmación: Hoy, elijo estar en mi valor y no en el miedo. Sin mirar atrás. Seguir adelante con la ayuda de Dios!

Lema: Posibilidades y los milagros son una y la misma.

28 de Julio

Consideración

Una de las cosas más amables que podemos hacer es aprender a ser reflexivo. Siendo medios reflexivos poner nuestro pensamiento en una situación y hacer el viaje de otra persona se convierta en más suave y más amable. Se siente bien ser amable con alguien más si el acto de inteligencia era grande o pequeño. Consideración viene del Dios Interno. Toque su corazón hoy para ser considerado con los demás!

Afirmación: Hoy elijo estar atento a los demás y les muestro mis acciones que me importa para ellos.

Lema: Para evitar que usted tiene que dar a la basura.

29 de Julio

Deficiencias Paso 7

Todos tenemos defectos. No hay nada nuevo en eso en nuestras vidas. La novedad viene en nuestra capacidad de aprovechar nuestra humildad al pedir a Dios que nos ayude en admitir nuestros defectos para que podamos llegar a ser una persona más feliz y saludable. Nuestro inventario personal nos proporcionará respuestas honestas a donde tenemos que trabajar en nosotros mismos. Hacer el inventario, admitiendo las deficiencias y pidiéndole a Dios que nos ayude a encontrar mejores respuestas trae un tremendo cambio en nuestras vidas. ¡Disfruta el viaje!

Afirmación: Hoy, elijo a entregar mi vida y mi voluntad de mi Poder Superior.

Lema: No soy mucho pero soy todo lo que pienso.

30 de Julio

Coincidencia

Yo no creo en las coincidencias. Creo en sincronicidad divina. Mi Dios es tan grande que no puedo empezar a describir a Dios con palabras humanas. Esto es lo que sé: cuando necesito a alguien para ayudar - que aparecen. Cuando me encuentro con alguien que siento que he conocido toda mi vida, pero que sólo se introdujeron - presto atención. Sé que mi Poder Superior ha sido ocupado cuando lo que necesito se manifiesta fuera de los éteres de mí y se puso en mi camino para ayudarme. ¿Coincidencia? ¡No para mí! Dios está arreglando cosas en Tiempo Divino para mi mayor bien.

Afirmación: Hoy, me dejo ir y dejar a Dios.

Lema: La coincidencia es manera de permanecer en el anonimato de Dios.

31 de Julio

Contentamiento

Dentro de ustedes es un lugar muy sagrado donde Dios habita. La alegría viene de ese mismo espacio. Sabiendo que está sano, feliz y en un viaje a una mejor satisfacción que traerá en su vida. Tener una relación con su Poder Superior traerá satisfacción. Sentirse amado traerá satisfacción. Vivir una vida libre de drogas y tener una transformación espiritual le dará satisfacción. ¿Dónde está usted en el viaje de la alegría de hoy?

Afirmación: Hoy, estoy agradecido por la sensación de satisfacción.

Lema: Sé parte de la solución, no el problema.

Agosto

1 de Agosto

Atención Plena

Mindfulness incluye pensar antes de hablar y la acción. Incluye, mirando un par de pasos por delante para ver cómo nuestras acciones pueden desencadenar o influir en una persona o decisiones de la persona. El liderazgo implica mirando hacia el futuro a pesar de que ciertamente no somos responsables de las acciones y decisiones de otras personas. Para tener en cuenta es ser reflexivo, consciente y compasivo a la vez. Atención plena práctica. Usted puede ser muy complacido por los cambios si lo hace!

Afirmación: Hoy, elijo ser más consciente y consciente de que la forma en lo que hago y lo que digo tener repercusiones.

Lema: Fuera de mi mente. De vuelta en cinco minutos.

02 de Agosto

Ganando Perspectiva

Venimos a esta beca un desastre general. Necesitamos tiempo para aprender el sistema, aprender los pasos y aprender el programa. Todo el tiempo estamos ganando perspectiva sobre todo en nuestras vidas de nuevo. Esto toma tiempo. Es el progreso no la perfección que buscamos crear y encontrar. Hablar con otros en reuniones sociales, antes y después de las reuniones nos ayuda a ganar perspectiva. Hablar con nuestro patrocinador ayuda a la perspectiva de ganancia también. Hablar con nuestro Poder Superior es donde realmente lleguemos a encontrar comprensión. No es una carrera. Es un viaje.

Afirmación: Hoy, he optado por mirar cómo veo las cosas y ver si hay otra manera de ver.

Lema: Sin dolor no hay ganancia!

03 de Agosto

Oración

La oración no es siempre "Dios mío, por favor arreglar esto." Es más que "gracias" incluso "Gracias" "Gracias". Dios escucha y conoce nuestros corazones. Nuestro trabajo es recordar para conectarse. No es como la escritura de su lista de Navidad de Santa Claus. Es una comunicación de dos vías. Usted habla con Dios. Dios responde con un sí, no, o yo tengo algo mejor. Se paciente. Confianza. Tener fe. En lo profundo de que un cambio está sucediendo en el que se están convirtiendo en más amoroso y más amable.

Afirmación: Hoy, elijo decir "gracias" por todas mis bendiciones!

Lema: Ya no podemos contentarnos con sólo ir tirando.

04 de Agosto

Anonimato

El anonimato es la base espiritual de todas nuestras tradiciones. No necesitamos llamar la atención sobre nosotros mismos al anunciar en una multitud que somos adictos. La recuperación es un regalo que recibimos de nuestro Poder Superior. No necesitamos a la tribuna de la información a los demás por lo que nos pueden dar una palmada en la espalda y decir "atta-boy". No llegamos aquí por nosotros mismos. Muchos de nuestros miembros no quieren tener su anonimato publicitado. Es por eso que tenemos reuniones abiertas y cerradas.

Afirmación: Hoy, elijo honrar la tradición de anonimato.

Lema: Destape ... Descubra ... Descartar

5 de Agosto

Preocupación

Es una reacción de comportamiento aprendido a pensamientos. La preocupación puede comer vivo. Podemos controlar nuestros pensamientos es que la práctica ... práctica ... práctica. Es una disciplina creada para ayudarnos a ayudar a nosotros mismos. La preocupación no tiene valor en sí mismo, excepto para crear historias irracionales miedo basado en nuestras mentes. Creamos nuestras propias películas en nuestras mentes que deciden cómo todo se jugará en una experiencia negativa. Podemos optar por renunciar a hacer esto hoy. Ya no tenemos que jugar ese viejo repetición. Crear nuevas intenciones positivas en su lugar. Es su elección y su mente.

Afirmación: Hoy, acepto que usted está en control

Dios. ¡Gracias!

Lema: Su pena no debe depender de la opinión de otra persona.

236

6 de Agosto

Sabotaje

Algunas personas tienen miedo de fracasar. Algunos otros tienen miedo de éxito. Algunos son sólo miedo. Sabotaje sucede cuando lleguemos incómodo con nuestros sentimientos. Nosotros decimos algo a la persona equivocada en el momento equivocado, o hacemos algo autodestructivo a nosotros mismos. Nos parecemos querer recordarnos a nosotros mismos que somos los fracasos y no tienen posibilidades de éxito. Se ha hecho antes una y otra vez. Es como estamos en una escalera y tenemos que dar el siguiente paso. Así que en lugar de tomar el siguiente paso rompemos nuestra pierna. ¿Te acuerdas de la última vez que saboteaste ti mismo?

Afirmación: Hoy en día, voy a enfrentarme a mis miedos y seguir adelante!

Lema: Un mar en calma nunca hizo un buen marinero.

07 de Agosto

Enfado

Recuerde atrás lo más que pueda para esa situación o sentimiento que te hace realmente enojado. ¿Cuánto tiempo atrás es lo que tiene que recordar? Fue hace sus años o la semana pasada? ¿Cuánto tiempo ha sido su ira enconada dentro de ti? ¿Te has dado cuenta todavía de que su ira no está haciendo daño a nadie más que usted? Se encuentra dentro de ti y se manifiesta en problemas de estómago, úlceras sangrantes, enfermedades del corazón y más. ¿Vale la pena para usted para mantenerlo por más tiempo que el de hoy?

Afirmación: Hoy, me dejo llevar por mi ira reprimida.

Lema: Vivir una buena vida es la mayor venganza.

8 de Agosto

Responsabilidad

Hablemos de rendición de cuentas en relación con el anonimato en la comunión. Las habitaciones son el lugar más seguro que tenemos además de nuestro tiempo de oración. ¿Se puede guardar silencio cuando alguien comparte una parte de su vida que es historia antigua? ¿Se puede mantener silencio cuando alguien comparte algo alegre y quiere compartirlo con los demás también? ¿Conoce usted no hablar de otras personas por su nombre cuando se encuentre fuera de las habitaciones? Rendición de cuentas es ser digno de confianza para mantener su palabra y las reglas que todos están de acuerdo para vivir.

Afirmación: Hoy, me recuerdo a mí mismo que parte de la responsabilidad es la honradez.

Lema: Lo que se escucha aquí y ves aquí se queda aquí.

9 de Agosto

Comunicación

Lo que quiero compartir con ustedes en la comunicación puede no ser lo que se oye. Yo vengo de un lugar de la incertidumbre y la disfunción. Usted viene de un lugar de estabilidad y confianza. Usted actúa y habla como usted lleva gafas de color rosa. Mi mundo y mis experiencias no son los mismos que los suyos. Vengo de miedo y ansiedad. ¿Cómo encontramos un lugar de la inteligencia? Seguimos hacer preguntas con cuidado y pensativo. En algún momento lo que digo se puede escuchar y entender.

Afirmación: Hoy, elijo ser claro y reflexivo en mi comunicación con los demás.

Lema: Todos estamos aquí porque no somos todo lo que hay en nuestras mentes.

10 de Agosto

Vergüenza

El nivel de energía de la vergüenza es muy bajo en la escala. La vergüenza nos impide seguir adelante. Se come en nuestra autoestima y la paz de la mente. Vergüenza nos dice que no somos lo suficiente y que no somos dignos. La vergüenza se siente más profundo dentro de la vergüenza. La vergüenza hace que se siente sucio y sin perdón. Lo que no es la realidad de la situación. Dejar de lado la vergüenza y dejar un poco de alegría a tu vida!

Afirmación: Hoy, elijo dejar de lado mis sentimientos de vergüenza y me perdono.

Lema: Nunca confundas la soledad o la lujuria para el amor.

11 de Agosto

Actitud

Una actitud positiva es la única opción en el movimiento mismo hacia adelante en el crecimiento personal. Se necesita práctica para hace estos cambios. Nuestros mensajes antiguos llaman establecidos para la autocompasión, el martirio y la atención que buscan comportamientos. El pensamiento positivo nos hace sentir mejor con nosotros mismos y los demás. Añade esperanza a la situación sea lo que sea. Usted tiene un 100% de probabilidad de fracasar si no se intenta cambiar su actitud! Comience reclamar sus bendiciones hoy!

Afirmación: Hoy en día, empiezo de nuevo de nuevo.

Lema: El sabio tiene muchos cortes. El hombre feliz no cuenta las cicatrices.

12 de Agosto

Comprensión

¿Qué te parece la idea de la raíz de la comprensión podría ser? Puede ser que sea el amor. Nos esforzamos más para entender nuestros seres queridos y el amor. Hacemos un esfuerzo con una comunicación más eficaz con las personas que nos sentimos seguros con y queremos entender. La comprensión es un trabajo interno. No hay manera de conseguirlo de otra manera. Recurre a tu corazón hoy y aprender nuevos conjuntos de habilidades para entender a las personas y situaciones.

Afirmación: Hoy, elijo ser más comprensivo con los demás.

Lema: Tienen que hacer lo que tienen que hacer.

13 de Agosto

Cambios de Humor

La mayoría de la gente tiene que hacer frente a sus propios cambios de humor en algún momento de su vida. Muchos adictos tienen lo que llamamos "diagnóstico dual" lo que significa que puede ser un abusador de sustancias y tener un trastorno psiquiátrico también. No es raro encontrar que muchos de nosotros hemos sufrido con la depresión de una forma u otra. Por no hablar mientras estamos consiguiendo-toxed DE y por un período de tiempo después de eso podemos tener grandes cambios de humor. La buena noticia es que una vez que tengamos nuestros cuerpos limpios de todas las sustancias tóxicas que hemos puesto en ellos podemos tener una idea de los cambios de humor.

Afirmación: Hoy en día, voy a dar más esperanza a los demás.

Lema: Danos día noventa y si tu vida no hay nada mejor que felizmente devolveremos su miseria.

14 de Agosto

Desafíos

Desafíos vienen en muchos paquetes diferentes. A veces, incluso las cosas buenas causan situaciones desafiantes! Es más importante aprender cómo responder al desafío de hacer frente al reto específico. Una vez que tenemos un plan o sistema en el lugar para pensar y responder a los retos todos ellos son básicamente los mismos. El éxito con desafíos es tan fácil como 1,2,3! Hable con su Poder Superior al respecto! A continuación, hablar con su patrocinador en ello y escuchar a su guía. Siguiente hacer la siguiente cosa correcta. Communication

Afirmación: Hoy, aceptar que todos tenemos desafíos. Estoy dando la mía a mi Poder Superior.

Lema: Apesta pensamiento conduce a utilizar.

15 de Agosto

Paso Nueve

Este paso requiere valor. Tenemos que hacer las paces directo a otros que le debemos reparar el mal que. Hay una excepción de hacer las paces cuando se le haría daño a alguien. El ir a hablar con una persona y hacer las paces es muy asustadiza y extremadamente liberando simultáneamente. Podemos esperar el rechazo, el abandono, la ira, el dolor y también la gratitud. A veces es una oportunidad para crear una nueva relación con alguien del pasado. A veces es simplemente difícil para disculparse. Sin embargo, una vez que haya hecho usted sentirá una gran cantidad de sentimientos y, a veces alivio.

Afirmación: Hoy, elijo hacer que mi enmienda a una persona a la vez.

Lema: Si hay dolor, entonces algo no está libre de eso debería ser libre.

16 de Agosto

Vergüenza

La vergüenza es un sentimiento doloroso. Lamentamos las cosas que hemos hecho en el pasado cuando estábamos usando. Esos sentimientos que nos aferramos a lo que nos dicen que somos indignos y malos somos parte de la vergüenza. Tenemos que dar a estos sentimientos a nuestro Poder Superior y perdonarnos a nosotros mismos para las elecciones que hicimos que no nos sirven también para liberarse de la vergüenza. Debemos ser conscientes de cómo nuestras acciones y palabras causan dolor a otros y hacer cambios cuando sea necesario.

Afirmación: Hoy, elijo mirar las consecuencias de mis acciones antes de tomar acción.

Lema: Fórmula para el fracaso: tratar de complacer a todos

17 de Agosto

Un Día a la Vez (ODAT)

La filosofía de un día a la vez nos enseña a permanecer en la actualidad y todas sus responsabilidades y bendiciones. Tenemos que llegar limpio y mantenerse limpio un día a la vez. Puede ser demasiado difícil de imaginar estar limpio siempre. Es abrumador para pensar de esa manera para algunos de nosotros. Cuando trabajamos nuestro programa de un día a la vez que tomamos la presión sobre nosotros mismos y hacemos de ella un objetivo habitable.

Afirmación: Hoy, estoy viviendo mi recuperación un día a la vez!

Lema: La vida no es doloroso. Es la resistencia a la vida que causa dolor.

18 de Agosto

Una Promesa

Auto búsqueda le escapaba de las manos. Los adictos y alcohólicos son conocidos por su voluntad propia y de manera egoísta. En esta promesa se nos dice que vamos a ver un cambio en nuestro comportamiento en el tiempo. Vamos a llegar a ser mucho más preocupado por las otras personas en nuestras vidas. No vamos a necesitamos estar constantemente alimentar nuestros egos inflamados. Vamos a encontrar un equilibrio en amarnos a nosotros mismos y amar a otras personas.

Afirmación: Hoy, me centraré en amarme a mí mismo y luego ser amoroso con los demás.

Lema: No es una oración completa.

19 de Agosto

Presión de los Amigos

Cuando estábamos usando nuestros compañeros querían que disfrutar nosotros mismos en fiestas, juegos de azar, beber y comer. Fuimos en el viaje. Estábamos disfrutando el zumbido hasta que tocó fondo. ¿Dónde estaban nuestros amigos que se encuentran a continuación? Estaban en ninguna parte ser encontrado. Tenemos que tomar decisiones por nosotros mismos en base a lo que sabemos que es más saludable. Pregúntele a su Poder Superior en busca de ayuda para aprender a decir no a los demás. Pida apoyo en las reuniones que aprender a alejarse de los ancianos y viejos comportamientos. Hacer una reunión extra para apoyo adicional. Utilice la lista telefónica. Evite los compañeros viejos que quieren que lo lleve hacia abajo con ellos.

Afirmación: Hoy, voy a pedir apoyo para hacer frente a la presión de grupo.

Lema: Si tengo que pensar en algo para poder actuar lugar diferente entonces ha tenido ningún cambio real todavía. - Hugh Prather

20 de Agosto

Aprobación

Es lo que es. ¿Cuándo vas a aceptarlo? No es así de fácil! Muchas veces no queremos ver la verdad en situaciones porque entonces vamos a tener que responder a ella. La negación nos mantiene en movimiento a lo largo y sin ninguna responsabilidad. Aceptación significa que tenemos que hacer frente a los temas en cuestión. Tenemos que hacer frente a los desafíos que se nos presentan y nos confunden. Hacemos esto para mucho más grande de lo que es. Acepta lo que está delante de ti. ¡Puedes hacerlo!

Afirmación: Hoy, voy a tomar la decisión de aceptar las situaciones que no puedo cambiar.

Lema: Estoy empezando a convertirse en lo que veo.

21 de Agosto

Honestidad

Recuerda la última vez que estabas hablando con algunas personas y alguien empezó a hablar como toro que les desactivado en tu mente? La vida real es mucho más creativo de lo que podríamos hacer en nuestra imaginación que nosotros no tenemos que mentir para hacernos lucir bien. No trabaja. La gente puede ver a través de nuestra falta de autenticidad y honestidad. Solo di la verdad. Se siente bien decir la verdad. La ventaja es que no es necesario recordar todos nuestros compuestos por historias de esta manera.

Afirmación: Hoy voy a decir la verdad cuando me siento tentado a mentir.

Lema: Yo soy lo que soy.

22 de Agosto

Confianza

La confianza se reduce a esto: si yo te muestro mi prima, herido auto vulnerables ¿no juzgarme? ¿Va a consolarme? Si te muestro donde estoy vulnerables va a hacerme daño? En serio, ¿no es cierto? ¿Vas a tirarme debajo del autobús cuando está acorralado? La confianza es un regalo increíble. Tenemos que crecer a tenerlo. Se necesita tiempo para crear y justo momentos de destruir. Sabemos cómo manipular los demás con facilidad. Somos adictos y alcohólicos. ¿Puedo confiar en ti para ser honesto conmigo?

Afirmación: Hoy, estoy abierto a recibir y aceptar todas las bendiciones que Dios tiene para mí!

Lema: ¿Es usted un paso a paso pie o un truster Dios?

23 de Agosto

Inspiration

La inspiración viene de la palabra raíz "inspirar". Nos encontramos nuestra inspiración en nuestro programa de recuperación espiritual. Nuestro Poder Superior y los 12 pasos son inspiraciones a nosotros para creer que podemos tener una vida de serenidad y un plan para trabajar para el éxito. Nuestros compañeros de grupo y nuestros patrocinadores son inspiraciones para recordarnos que podemos crear una nueva vida un día a la vez. Los veteranos que se presentan nos recuerdan que podemos tener éxito también!

Afirmación: Hoy, me permito inspirar por el poder del programa de recuperación que estoy trabajando!

Lema: Tu fe nunca funcionará por encima del nivel de su discurso.

24 de Agosto

Sólo por Hoy

Sólo por hoy voy a confiar en mi Poder Superior a estar a cargo de toda mi vida y las relaciones. Hoy voy a permitir que Dios obre la gracia de Dios en mi vida ayudando a cambiar de un día a la vez en un ser espiritual amorosa. Sólo por hoy no voy a volver a los viejos patrones de elecciones y acciones poco saludables que yo y otros perjudicados en mi pasado. Sólo por hoy voy a ser un instrumento de paz.

Afirmación: Hoy, elijo ser un instrumento de paz.

Lema: El amor es la aceptación sin juicio.

25 de Agosto

Paso Nueve

Tenemos la oportunidad de utilizar nuestras nuevas capacidades de consideración y compasión en este paso. Tenemos que hacer las paces directo a las personas que hemos ofendido siempre que sea posible, excepto al hacer las paces implicaba perjuicio para ellos o para otros. Piense en esto. No usted, o alguien que ayudaría a los demás, para crear una herida que alguien no tiene por que compartir lo que existe una situación y luego tratar de hacer las paces. La sabiduría y la compasión vienen aquí. si usted no está claro sobre cómo funciona esto, es imprescindible que usted hable con su patrocinador acerca de esta situación. Bring it en una reunión si usted no tiene un patrocinador. Aprender el proceso para que otros usuarios no se vean perjudicados.

Afirmación: Hoy, elijo hacer las paces siempre que sea posible, excepto cuando el hacerlo implicaba perjuicio para ellos o para otros.

Lema: El ascensor está roto - siga los pasos!

26 de Agosto

Milagros

Los milagros son la gracia se manifiesta en nuestro nombre. Todos los milagros vienen de Dios. Hoy en día, estamos viviendo milagros para respirar. Los milagros vienen cuando menos lo esperamos y por medio de gente que puede nunca saber.Cada día tenemos un nuevo comienzo para crear una mejor calidad de vida para nosotros mismos. Es un milagro que no estamos muertos, en un hospital psiquiátrico, en un centro médico o en la cárcel. Es un milagro que nos encontramos el programa, el compañerismo y las habitaciones. ¡Sigue regresando!

Afirmación: Hoy en día, soy un milagro viviente!

Lema: Yo no creo en los milagros. Yo dependo de ellos.

27 de Agosto

Espera

Progreso ... no la perfección. Trabajamos tan duro para hacer los cambios necesarios para que nosotros no somos la persona que éramos cuando comenzamos nuestro programa. La mayoría de nosotros puede ser muy paciente con othres en el grupo.Nuestra empatía y la compasión se muestran y comparten. Podemos relacionarnos con el dolor, el miedo y el sufrimiento. Pero, ¿cómo paciente somos con nosotros mismos? Ahora, eso es una historia diferente. Nos encontramos de ser más duro en nosotros mismos. Parece que somos nuestros peores críticos. Deja de hacer eso!Ámate a tí mismo. Mira lo lejos que han llegado en lugar de lo lejos que tienes que ir.Es un un día a un proceso de tiempo.

Afirmación: Hoy, elijo ser paciente conmigo mismo.

Lema: No deje cinco minutos antes de que ocurra el milagro!

28 de Agosto

Estrés

El estrés se compone de pensamientos que pensamos y decimos a nosotros mismos.Estos pensamientos que creamos son pequeñas historias que jugamos en nuestra mente en varias ocasiones. Elegimos para hacer estos pensamientos vienen de un lugar negativo miedo basado en lugar de una mentalidad positiva basada en la fe.Hacemos el pensamiento, seguir el pensamiento con el miedo y luego nos preguntamos por qué estamos estresados! La mayoría de las veces hay un elemento en el pensamiento de la forma en que no somos lo suficientemente de una forma u otra. Podemos entregar todo este pensamiento loco de vuelta a Dios. ¡Intentalo!

Afirmación: Hoy en día, voy a parar y orar cuando empiezo a inventar historias locas sobre cómo algo va a resultar.

Lema: Fácil lo hace - pero hazlo!

29 de Agosto

Estar Asustado

Susto es una parte de una respuesta de miedo. Estar asustada sucede cuando nos sentimos fuera de control. Nos impacta en las regiones del intestino, cuello y cabeza.¿Cuántas veces has tenido una situación o la vida en general usted y entonces su dolor de estómago asustar, el cuello tiene apretado, usted tiene un dolor de cabeza que tienes diarrea? A veces, cuando estamos abrumados nos asustamos más fácil de lo que cuando nos sentimos centrados. He aquí una sugerencia si esto le sucede a usted: respirar profundo un par de veces, ruega por fortaleza y consuelo y pensar a través de sus pensamientos. Hable usted mismo hacia abajo al igual que lo psyched para arriba.

Afirmación: Hoy, me dejo llevar y entrega a todos mis temores al Dios de mi entendimiento.

Lema: Sigue viniendo!

30 de Agosto

Auto Cuidado

¿Qué hace usted para cuidar de ti mismo? Hay tantas sugerencias que podríamos escribir un nuevo libro sobre este tema! Comencemos con tu Espíritu. ¿Qué estás haciendo especial para ti cada día? ¿Usted está consiguiendo quince minutos a solas?¿Qué estás haciendo por tu mente? ¿Estás leyendo algo positivo en la auto ayuda para alimentar a su mente? Por último, ¿qué estás haciendo para su cuerpo? ¿Está tomando un paseo? ¿Yendo al gimnasio? Tomar una clase de yoga? Su objetivo es el equilibrio de estos tres principios de la vida. Darles la bienvenida a tu vida!

Afirmación: Hoy, acepto que soy un adicto y que soy impotente.

Lema: Buscar similitudes en lugar.

31 de Agosto

Agradecimiento

Hay tantas maneras encantadoras para mostrar que estamos muy agradecidos. Haz algo bueno por alguien que no se lo esperaba. Ayude a un vecino. Dar de su tiempo y talento a una organización no lucrativa que necesita su ayuda. Ayudar a alguien en alguna parte. Cada uno de estos actos reflexivos y compasión dice El Universo que estás agradecido. Amar unos a otros nos hace a todos más agradecido!

Afirmación: Hoy, elijo mostrar mi gratitud a los demás en la bondad y agradecimiento.

Lema: El bien es a menudo el enemigo de lo mejor,.

Septiembre

01 de Septiembre

Enfado

Algunos de nosotros ira cuando estamos enojados. Nuestra rabia se vuelve similar a un cabo negro del alcohol o de las drogas. No podemos recordar lo que dijimos o hicimos. Se siente como si algo se agachó dentro de nosotros y sacó esta persona monstruo que está actuando loco. Luego, cuando la rabia se enfría sentimos remordimiento, la culpa y la vergüenza. Cuando esto sucede, es un mensaje para nosotros que nuestra ira y el dolor han sido reprimidos durante tanto tiempo que es explosivo. Tenemos que hacer algo al respecto por lo que no nos dañamos a nadie ni dañamos a nosotros mismos. Incluso las personas más sensibles tienen que esto ocurra. Darle a Dios.

Afirmación: Hoy en día, doy mi ira y la rabia a Dios. Ya no puedo llevarlo solo.

Lema: Todo lo que es contraproducente para el amor es un defecto.

2 de Septiembre

Oración

Después de un cierto punto en el programa podemos ver que nuestra vida es como una oración de gratitud y de la misericordia. Esta es una sensación increíble! Estamos en un contacto consciente con Dios todo el tiempo. Vivimos de nuestro corazón no nuestro ego. Desde luego, no somos perfectos. Sin embargo, nos sentimos conectados a nuestro Poder Superior y se nota. Vive tu vida como una oración!

Afirmación: Hoy: Le doy las gracias a Dios por su amor, el perdón, la misericordia y la gracia.

Lema: Señor, si no puedo tener lo que quiero que me ayude a querer lo que tengo.

3 de Septiembre

Atención Plena

La atención plena es un regalo que sigue dando! Cuando usted está siendo consciente de una situación que está tomando el tiempo para poner sus pensamientos en lo que está sucediendo. Mindfulness incluye la toma de conciencia de la situación y pensar en cómo manejar la situación en el mejor resultado para todos los involucrados.Pensar en el futuro a la siguiente acción necesaria para hacer que todo funcione bien.Usted se está permitiendo a pensar en la mejor y más alto bien para todos los involucrados. Usted está criando a su conciencia a un nivel superior de conciencia espiritual cuando se elige para responder de esta manera.

Afirmación: Hoy voy a ser consciente de dónde estoy en mis relaciones.

Lema: ¿Quién puede ver aquí; lo que se oye aquí; cuando salga de aquí dejar que se quede aquí.

4 de Septiembre

Ejercicio

¿Qué tal el ejercicio de su mente? La gente siempre está hablando de hacer ejercicio nuestro cuerpo. Vamos a cavar más profundo. ¿Qué has hecho para ejercitar tu mente esta semana? ¿Has leído algún buen libro o la literatura? ¿Ha descubierto la manera de resolver los problemas y desafíos? ¿Te disciplinado a ti mismo para meditar y esperar a escuchar su mensaje? ¿Ha creado una intención de sus metas y objetivos?El trabajo de su mente. Cuando estábamos usando estábamos freír nuestras mentes.Ahora que tenemos una mente clara vamos a asegurarnos de usarlo!

Afirmación: Hoy es el primer día del resto de mi vida!

Lema: Recuerde las tres C: No produce, no puede curar y no puede controlarlo.

5 de Septiembre

Regateo

La mayoría de todos nosotros han intentado negociar con la vida. Recuerde que el "Oh Dios, a conseguir a través de esta situación y voy a cambiar"? Pero el cambio no ocurrió. Nuestra adicción tomó el control cada vez más día a día. No hay negociación con Dios. El cambio ocurre cuando elegimos para que suceda. La vida es más que un intento de manipular para conseguir lo que queremos en este momento. La negociación se llevará a ninguna parte. Conviértase responsable de su pensamiento y sus acciones. Va a amarse a sí mismo por ella!

Afirmación: Hoy, voy a detener cualquier negociación que he estado haciendo y ser responsable.

Lema: Donde Dios guía a Dios provee.

6 de Septiembre

Respuestas

Buscamos respuestas diaria. ¿Es esta la mejor opción? ¿Debo ir allí? ¿Por qué está pasando esto ahora? ¿Tengo que pagar esta factura y no que uno? ¿A quién puedo llegar a ver a mi hijo hoy? ¿Debo dejarlo o no? Hay respuestas a todas las preguntas.Encontrar la respuesta correcta es un trabajo interno. Cuando usted está en busca de respuestas que lo mejor es hablar con su Poder Superior y luego su patrocinador en ese orden es. Las respuestas vendrán. ¿Va a estar abiertos a recibirlos es la cuestión.

Affirmcion: Hoy, voy a escuchar las respuestas.

Lema: La medida de la ansiedad es la medida de su distancia de Dios.

7 de Septiembre

Una Promesa

Toda nuestra actitud y perspectiva sobre la vida cambiarán. ¡Imagina eso! Una actitud de gratitud sustituye a una actitud de autocompasión, odio a sí mismo y el martirio. Un punto de vista que se basa en un Poder Superior y va dentro en lugar de ninguna relación con Dios - sólo sustancias para adormecer del sentimiento. Ahora tenemos una opción para tratar el dolor y ningún uso más largo. Una perspectiva de esperanza y un sueño positivo para lo que será el futuro en lugar de una sustancia acribillado vida en las que no sabemos dónde la próxima dosis proviene de no hablar de nuestra próxima comida. Esa es una promesa!

Afirmación: Hoy elijo tener una perspectiva que es digno de mí mismo!

Lema: Takers son perdedores. Givers son ganadores.

8 de Septiember

Intención

Tenemos la bendición de ser capaz de establecer nuestras propias intenciones diaria.¿Cuál es la intención? Es una meta para el día que incluye su mentalidad positiva y sus acciones. Tenemos que decidir cómo nuestro día va a ir. Aun cuando los desafíos se presenta, y ellos, podemos elegir cómo responder a ellos. Configuración de tu intención no significa que el día va a ser perfecto. Lo que significa es que usted acepta la responsabilidad de cómo usted quiere que vaya en función de sus pensamientos.

Afirmación: Hoy, tengo la intención de ser un vaso del amor de Dios a los demás.

Lema: Donde Dios guía Dios provee.

9 de Septiembre

Productividad Contra

Queremos avanzar en nuestro camino. Hay momentos en que nos movemos hacia atrás unos pasos antes de ir de nuevo hacia delante. Esta acción un paso adelante y dos pasos atrás es contraproducente. Nos dice que de alguna manera en algún lugar hay algo que no está todavía bien sintonizado para avanzar. Cualquier cosa contraproducente para la honestidad es deshonesto. Todo lo que es contraproducente para el amor es un defecto. Una deficiencia puede ser una cosa que no hiciste que tenía que hacer. Un defecto de carácter es una acción que ha tomado que no debería haber tomado. Piensa primero antes de actuar. Será una excelente inversión de su tiempo.

Afirmación: Hoy, voy a ser productivo en mis pensamientos y acciones.

Lema: Dios no puede hacer por usted lo que Dios no puede hacer a través de ti.

10 de Septiembre

El Egoísmo

Se nos ha enseñado que para ser egoísta no es una buena característica de poseer.Hay excepciones a esta enseñanza. Es muy bueno ser egoísta e ir a cualquier extremo para obtener, mantener y defender su sobriedad. Usted tiene una opción aquí para hacer. Doble a la presión o tomar una posición para mantenerse limpio. Si usted obtener, mantener y defender su sobriedad que se convertirá en desinteresada en una forma totalmente nueva a través del programa.

Afirmación: Hoy, voy a proteger a mi tiempo de limpieza, haciendo auto elecciones amorosas.

Lema: Veinte segundos de éxtasis no vale la pena de tres semanas de culpabilidad.

11 de Septiembre

Programación

En la adicción activa tuvimos ningún horario para nuestras vidas excepto para averiguar cuando la próxima dosis venía. En la recuperación, tenemos la oportunidad de crear un programa que funcione para nosotros. Tomará un poco de ensayo y error para encontrar la manera de programar cosas en una buena dirección ordenada.Comience por orar por la voluntad de Dios en su vida y el poder para cumplirla.Planifique lo reuniones que se va a ir y dónde están. Busque un grupo de casa.Obtener un patrocinador y programar tiempo para hablar con regularidad. Añadir su horario de trabajo en la mezcla. Todo lo demás importante seguirá.

Afirmación: Hoy, estoy bendecido con la oportunidad de tener un horario!

Lema: No seas tan humilde que no son tan genial!

12 de Septiembre

Recaída

Salir y usar nos dice que usted está en el dolor. Nos dice que aún no está listo para enfrentar sus desafíos. Nos dice que tiene miedo. Nos dice que haya cerrado en sí mismo, al menos temporalmente. Se nos dice que usted tiene un deseo de muerte. No hay nada por ahí que le ayudará a como estar en las habitaciones y el aprendizaje de cómo hacer frente a la vida un día a la vez. Vuelve a casa y se consigue a una reunión. Obtener un patrocinador. Empezar de nuevo. ¡Se lo merecen!

Afirmación: Hoy comienzan fresco. Me ayude a tener una actitud de humildad.

Lema: El exceso de uso es un síntoma de un problema más profundo.

13 de Septiembre

Actitud

¿Qué es una mentalidad de abundancia? Una mentalidad de abundancia es una actitud de elección. Tenemos la oportunidad de ver el mundo, ya sea por carecer de (pensamiento negativo) o abundante (pensamiento positivo). Una persona con una mentalidad de abundancia ve el vaso medio lleno y la jarra de agua cercana! La abundancia es un estado de ánimo. Incluye algo más que dinero. Puede incluir una buena salud, buenos amigos, uno de los patrocinadores de confianza, un grupo base de gran alcance, apoyo de la familia, un trabajo remunerado estable, un bello entorno y todo lo que hará que su vida sea más bendecido. Elija una mentalidad de abundancia sobre una mentalidad de pobreza. Usted podrá ver y sentir la diferencia!

Afirmación: Hoy, elijo a ver las cosas desde un punto de vista abundante!

Lema: Bienaventuranzas son las actitudes de ser.

14 de Septiembre

Dinero

El dinero es una forma de energía. Viene y va, flujos y reflujos. Lo necesitamos para crear un estilo de vida para la supervivencia. Las facturas y el alquiler debe ser pagado y los alimentos deben ser comprados. No es fácil vivir sin dinero constante entrar. Sin embargo, es más fácil recibir cuando nos abrimos a las posibilidades que podemos recibir por el esfuerzo invertido. Sea creativo si usted está teniendo problemas en la creación de flujos de efectivo. El trabajo duro es recompensado por lo general también. Haga una lista de lo que puede hacer para crear ingresos. ¡Se creativo! Ruega por respuestas y luego ir a hacer que suceda!

Afirmación: Hoy estoy abrir mi mente a manera creativa de hacer dinero extra.

Lema: ¿Por qué seguimos yendo al pozo cuando sabemos el seco?

15 de Septiembre

HALT

HALT significa Hambriento - Enojado - Solitaria - Cansado. En el programa no aprendemos a tomar decisiones cuando estamos en estos estados de ánimo. Hay razones para este concepto. No estamos haciendo nuestro mejor pensamiento cuando estamos en estos estados. Somos más propensos a ser más reactiva que responda.Queremos que nuestros mejores decisiones con una mente clara y un cuerpo alimentado descansado.

Afirmación: Hoy, voy a cuidar bien de mi cuerpo, mente y espíritu!

Lema: Tener un deseo sincero de cambiar en lo que puede llegar a ser.

16 de Septiembre

Consciente Contacto

Consciente de contacto no significa necesariamente que ir a la iglesia. Puede comunicarse con Dios en cualquier lugar y en cualquier momento. Lo que significa hacer un esfuerzo consciente para estar en contacto con la Fuente de Todo. El aprovechamiento de la energía de origen es tan fácil como la ap   reciación de una mariposa o una hermosa ave. Mirando a los ojos de un bebé o su mascota le llevarán hasta allí también. No hay oraciones específicas que tienen que decir. Es una conexión energética con su Poder Superior. No lo hagas más difícil. Es tan fácil como decir un sincero "gracias".

Afirmación: Hoy, voy a hacer un esfuerzo para estar en contacto consciente con Dios.

Lema: El cambio sucede. ¡Supéralo!

17 de Septiembre

Paso Ocho

La buena voluntad es una actitud. En el Paso Ocho, tenemos que estar dispuestos a reparar el mal que otros que hemos ofendido. Para que esto suceda, primero tenemos que hacer una lista de todas las personas que nos hizo daño. Esto puede ser un doloroso viaje lleno de remordimiento, la culpa, la vergüenza y la vergüenza. Revivir una vez en nuestra vida que fue la adicción montado y auto va corriendo salvaje no será cómodo. Eso es parte del proceso para ayudar a sanar sin embargo.

Afirmación: Hoy, elijo estar dispuesto a hacer la lista y comenzar el proceso de hacer las paces!

Lema: Cuando está bien para alojarse, entonces está bien para ir.

18 de Septiembre

Un Dia a la Vez

Nuestro programa de recuperación se basa en trabajar un día a la vez. En otras palabras, sólo viven en la actualidad. No permita que su mente atrapada en el lío de proyectar lo que el mañana traerá a usted para tratar. Permanecer en la actualidad. No utilice hoy. No volver a ayer y te rindas. No ir hacia el futuro para proyectar. Vive tu vida un día a la vez.

Afirmación: Hoy, estoy viviendo mi vida un día a la vez.

Lema: Amaos los unos a los otros.

19 de Septiembre

Esperanza

Cuando los tiempos son difíciles y se siente usted está luchando es tan importante encontrar algo de esperanza para su vida y su situación. La esperanza hace que sea más fácil de conseguir a través de los momentos difíciles. Cuando parece que todo tu mundo se ha derrumbado es necesario tener esperanza. ¿Cómo si no nos movemos hacia adelante sin esperanza? No hagas caso a la gente con actitudes negativas y las mentalidades de pobreza cuando intentan acabar contigo! ¡Mantén viva la esperanza!

Afirmación: Hoy, voy a mantener viva la esperanza!

Lema: Dale a tus cargas a tu Poder Superior.

20 de Septiembre

Entendimiento

"Las cosas se ponen un poco más fácil una vez que entienda" es la letra de una canción de los años setenta. La línea es tan exacto y verdadero! Cuando entendemos una situación claramente podemos empezar a sentir empatía con la persona. Hemos tenido nuestro propio camino áspero. Ponernos en el lugar de otras personas y caminar en sus zapatos por un tiempo y vamos a ver las cosas de manera diferente. Todo el mundo lugar de "venir de" es diferente. Usa tu poder del entendimiento para ser un faro de luz para alguien que está en la oscuridad en la actualidad.

Afirmación: Hoy, voy a ser una luz para alguien más.

Lema: El hombre sabio busca todo dentro de sí mismo. El hombre ignorante se lo toma todo de los demás.

21 de Septiembre

Paso Diez

Es fundamental para el éxito de nuestro programa y en nuestro propio éxito personal a seguir tomando nuestro propio inventario personal y luego frente a lo que debe ser abordado por admitir cuando nos equivocamos. Nos mantiene honestos y en nuestra integridad. Nos mantiene humilde y abierto al cambio. El acto de mirar a nuestro comportamiento de manera consistente nos enseña cómo ser consciente de cómo nuestras acciones AFECT no sólo nosotros, pero otros en nuestro medio ambiente.Practique su programa! Siente tu crecimiento!

Afirmación: Hoy, elijo ser comprensivos con los que me desafían.

Lema: Gracias a Dios por tener fe en mí hasta que tuve fe en ti.

22 de Septiembre

Reconciliación

Hay un tremendo dolor emocional de estar lejos de sus seres queridos sobre cuestiones que han costado su cercanía, la confianza y la intimidad. Trabajar hacia la reconciliación es una gran meta para tener cuando se quiere sanar una relación rota.La reconciliación es un gozoso sentimiento de tener la oportunidad de sentir después de haber hecho su trabajo emocional para llegar allí. Pide a Dios que te guíe y para intervenir en el corazón de la otra persona. Dale tiempo a suceder. Trabajar hacia la curación de la relación. Recuerde que sólo porque usted está listo para conciliar no significa que están listos todavía. Dale tiempo.

Afirmación: Hoy, elijo dejar ir la ira enconada y herido que he realizado en contra de otros.

Lema: Su riqueza real se puede medir, no por lo que tiene, sino por lo que eres.

23 de Septiembre

Integridad

Su palabra es su enlace. La gente nota cuando usted es responsable de sus acciones y sus palabras. Ellos también notan cuando no es responsable. Su integridad y dignidad son dos cosas que la gente no puede tomar de ti. Sólo puedes destruirlos.Hoy es el día para mirar dentro y ver si hay cambios que deben hacerse para mantener intacta su integridad. Usted se sentirá mejor una vez que haya realizado los cambios necesarios para ser una persona de tu palabra.

Afirmación: Hoy elijo vivir mi integridad en pensamiento, palabra y acción!

Lema: La locura es la aparente incapacidad de aprender de los propios errores.

24 de Septiembre

Confianza

Confiar en Dios, un Poder Superior, uno de los patrocinadores o incluso nosotros mismos no es fácil al principio. Cuando se presentan desafíos tenemos más miedo que no podemos manejar las situaciones que nos ocupa. Confía en que debemos. qué más podemos hacer? No podemos usar. No podemos huir, porque donde quiera que vayamos allí estamos. No existe una cura geográfica. Dé a sus preocupaciones a su Poder Superior. Confía en el proceso. Usted encontrará que si usted continúa haciendo esto constantemente su vida se convertirá en paz!

Afirmación: Hoy estoy confiando en mi Poder Superior!

Lema: La confianza es un deber!

25 de Septiembre

Estímulo

Palabras de aliento son como agua helada a una persona sedienta. Todos nos sentimos mejor cuando nos animamos a otros. Nos sentimos mejor cuando nos sentimos alentados por otros. Este es un proceso muy simple. Amaos los unos a los otros. Una palabra amable es una gran oportunidad de devolver algo del amor que ha recibido. Fomento va un largo camino en la construcción de amistades sanas.

Afirmación: Hoy, elijo abrir mi mente y mi corazón a los demás. Voy a encontrar a alguien y ser alentador para ellos hoy!

Lema: El autocontrol - Prefiero ser cómodo que la derecha.

26 de Septiembre

Consecuencias

Antes de conseguir limpia no hemos pasado mucho tiempo deliberadamente contemplando cómo nuestros utilizando sustancias adictivas nosotros y los que amamos afectarán. Podemos racionalizar y justificar excusas de por qué debemos recoger. Eso es sólo la locura de simple. Algunos de nosotros hemos salido deliberadamente utilizar justificada por el miedo, la duda, la preocupación, la ira y similares. Nunca nos sirvió bien. Todas las acciones tienen consecuencias. Piense antes de reaccionar!

Afirmación: Hoy en día, voy a recordar a pensar en las consecuencias de mis acciones antes de actuar sobre ellos.

Lema: No consiga en un lugar mal con PIP: Orgullo - Impaciencia - Proyección

27 de Septiembre

Muerto

Muerto = Beber Termina todos los sueños o drogar Termina Todos los sueños!Declaraciones breves y eficaces son mensajes claros a nosotros para prestar atención. La mayoría de nosotros sentimos muerto cuando estábamos usando.Algunos de nosotros deseaba nosotros muertos durante el uso. Todos nosotros teníamos un deseo de muerte de alguna forma cuando estábamos usando. Ahora que hemos creado una vida saludable mediante el programa no estamos deseosos de muerte. Vivir es una opción mucho mejor!

Afirmación: Hoy, quiero vivir la vida en todo su esplendor!

Lema: Sé quien eres.

28 de Septiembre

La Isa

Tenemos que aprender a reírnos de nosotros mismos. Se va a crear un tono más claro en nuestras vidas. La risa es buena medicina. Es una liberación emocional que nos permite dejar de lado las tensiones que nos han construido en nuestros cuerpos. Una gran risa es uno donde las lágrimas en realidad aparecen en nuestros ojos. Nos sentimos mejor después de una buena risa. Compartiendo risas con los demás es una experiencia de unión positiva. Permítase la libertad de carcajadas en su vida hoy!

Afirmación: Hoy, elijo abrirme a la risa

Lema: Mantenga en la solución no en el problema.

29 de Septiembre

Gentileza

Hay una gran fuerza en la mansedumbre. La mansedumbre suaviza los que están enojados. Gentileza tranquiliza a los que estáis trabajados. Gentileza nutre aquellos que están sufriendo. Gentileza demuestra que somos capaces de guiar nuestras emociones y acciones de una manera considerada. La mansedumbre se siente seguro. Todos queremos sentirnos seguros. ¿Cómo responde usted a la mansedumbre? ¿Cómo eres amable con los demás?

Afirmación: Hoy, voy a compartir mi dulzura con los demás!

Lema: La felicidad sigue los buenos pensamientos.

30 de Septiembre

Amor

Hay muchos usos para la palabra amor. Verbos, sustantivos, adjetivos, adverbios, puede seguir y seguir. Estamos utilizando la palabra amor como un verbo para nuestros propósitos hoy. Nos amamos a nosotros mismos, amar a nuestro Poder Superior, familia amorosa, cariñosa amigos, mascotas amorosa, etc. ¿Cómo hacemos esto? Nos sentimos dentro de nuestra cálida atención y consideración por los estamos amando. Se demuestra que la atención en el respeto, la bondad, la amabilidad, el servicio y la amabilidad. Le damos de nosotros mismos de una manera sana y equilibrada.

Afirmación: Hoy, elijo apreciar los que amo en la acción y la palabra.

Lema: El fracaso es una mentalidad de pobreza.

Octubre

1 de Octubre

Compulsión

La compulsión de hacer algo es muy difícil. El anhelo es participar. Todas nuestras células desea tener una respuesta saciado a la compulsión cumplido. Ya se trate de una compulsión a beber, drogas, juego, masticar las uñas, cortar en ti mismo u otra obligación que es una situación difícil de hecho. No podemos en nuestra propia lucha y el triunfo contra la compulsión. Dios tiene que tomar distancia de nosotros. Tenemos que pedirle a Dios que se lo quite para nosotros. Podemos vencer a los síntomas de adicción un día a la vez. Los adictos y / o alcohólicos luchan con más de usar. Es la obligación y el deseo que nos están molestando, junto con nuestras personalidades narcisistas. La única cosa peor que un borracho seco es una húmeda.

Afirmación: Hoy, me dejo llevar por mis compulsiones y entregar mi vida a mi Poder Superior.

Lema: Momentos dolorosos - confía en Dios. Cada Momento - Gracias a Dios.

2 de Octubre

Compromiso

Pelea la tentación de comprometer sus valores y sus creencias. Honra a tus palabras con acciones. Elija la próxima elección correcta. Mantén tu palabra. Practique lo que predica. Predicar con el ejemplo y predicar con el ejemplo. Acción constantemente realiza constantemente durante los rendimientos de tiempo grat resultados. Comprometerse a mantener su palabra. Ser la mejor persona que puedas ser!

Afirmación: Hoy voy a mostrar en las acciones de mi compromiso con mi recuperación.

Lema: No se puede tropezar si usted está en las rodillas.

3 de Octubre

Creer

Utilizamos los pasos; no analizamos ellos. Confiamos en el proceso, incluso cuando estamos inseguros y desafiado. Elegimos un patrocinador y trabajamos sobre nuestros pasos con una sincera creencia de que podemos cambiar nuestra vida un día a la vez. Tenemos miedo. Oramos por la fuerza y el conocimiento para llevar a cabo lo que tenemos que hacer todos los días. Estamos unidos por el espíritu de nuestra comunión en la recuperación. Somos fortalecidos mediante el intercambio regular nuestra experiencia, fortaleza y esperanza con los demás. Nosotros creeremos que nuestro Poder Superior puede y va a ayudarnos a la cordura. ¡Creer!

Afirmación: Hoy en día, creo que Dios está trabajando!

Lema: Si usted está bendecido entonces usted necesita para ser una bendición.

4 de Octubre

Acción

Es necesario tomar medidas para hacer que las cosas sucedan. Usted obtendrá una reacción sin importar lo que haga o deje de hacer en la vida. La elección es suya, si usted desea conseguir grandes cosas de la vida, entonces ponen grandes cosas en ella.

Ninguna otra persona o cosa va a hacerlo por ti, confiando y esperando no está la acción, es una excusa.

Si usted lo desea, ir a buscarlo! ¡EVOLUCIONAR! ¡ACEPTAR! ¡ABRAZO! ¡EXPRIMIR! Sé quien eres en realidad! Tómese unos pasos de fe y ver qué pasa!

Afirmación: Hoy en día, voy a estar orientado a la acción!

Lema: No se puede hacer una amabilidad demasiado pronto.

5 de Octubre

Aislamiento

Nos aislamos nosotros mismos cuando estamos deprimidos, tristes, llorando y hacia abajo en nosotros mismos. Estos son los momentos más importantes para llegar a los otros por el apoyo. Nos aislamos de distancia cuando no nos sentimos que tenemos la eergy para hacer frente a los demás y su energía. Nos escondemos de distancia en la culpa, la vergüenza y embarrasment por el pasado y por el momento. Aislamiento ido de gira demasiado tiempo en recaída. Llegar a gente que conoces será crítico de apoyo y no es una opción saludable. No esconda dentro! Venga a compartir con tu nueva familia de recuperación.

Afirmación: Hoy voy a llegar una vez más.

Lema: Lo que resistes, persiste. Lo que enfrentamos desvanece.

6 de Octubre

Equilibrio Emocional

A todos nos definimos "equilibrio emocional" de manera diferente. Equilibrio emocional puede significar encontrar y mantener una actitud positiva ante la vida, independientemente de los retos que nos rodean. Para algunos puede significar ser capaz de entender nuestras propias emociones. Este es el conocimiento que nos ayuda a elegir entre la reacción y la respuesta a nuestros sentimientos. Viene de la práctica de deudor y la meditación de forma coherente. Podemos parar la montaña rusa de agitaciones y valles mediante la práctica del programa. Drama se desvanecerá. Equilibrio se restaurará.

Afirmación: Hoy, elijo comunicarse abiertamente y auténticamente!

Lema: El final es donde partimos.

7 de Octubre

Confianza

Oportunidades para haber sido traicionado en la vida por las personas que nos de confianza. ¿Cómo cambiamos nuestra perspectiva y experiencia de vida en esta situación? Debemos recordar que no estamos 100% confiable. Nuestros compañeros de la recuperación de los adictos y alcohólicos están tratando de trabajar un programa espiritual también. Por último, tenemos que confiar en nuestros amigos de recuperación. Nuestras vidas están en juego!

Afirmación: Hoy, elijo a meditar en la confianza, la paz interior y la tranquilidad.

Lema: La manera de llegar a ninguna parte es comenzar desde donde estás.

8 de Octubre

Servicio

Trabajo de servicio es la devoción desinteresada a llevar el mensaje a los adictos que aún sufren y alcohólicos. Tenemos que mirarnos a nosotros mismos y ver los motivos cuando estamos haciendo el trabajo de servicio. Somos más visible en el grupo cuando estamos haciendo el trabajo de servicio. Recuerde que los desafíos de los problemas de ego y de control cuando usted está haciendo el trabajo de servicio! Si usted tiene desafíos pedir una reunión de conciencia de grupo. Aceptar la orientación conciencia de grupo.

Afirmación: Hoy estoy llevando el mensaje de que aún sufren los adictos y alcohólicos.

Lema: Es difícil ser odiosa cuando estás agradecido!

9 de Octubre

Oración

La oración es una calle de dos vías. Oramos y Dios escucha. Nos rendimos y Dios toma el control. Necesitamos entender nuestra parte de la relación. pedimos y Dios provee. No podemos exigir. Tenemos que recordar que somos el poder. Dios es el Todo Poderoso. Si tenemos todavía y escuchamos vamos a escuchar la voz de Dios. Tenemos que trabajar todos los días en nuestra relación con nuestro Poder Superior. Podemos hacer esto mediante la aplicación de la undécima etapa. Aceptamos el Poder que es superior a nosotros mismos!

Afirmación: Hoy estoy trabajando mi undécimo paso otra vez!

Lema: Importe de su propio negocio.

10 de Octubre

Recuperación

La recuperación es un trabajo interno. Tenemos que hacer algo más que ir a las reuniones de comprender el programa de recuperación. Tenemos que hacer el trabajo emocional y espiritual. Debemos trabajar los pasos. Hay una enorme diferencia entre trabajar el primer paso y escuchar acerca de la aceptación en una reunión. Experiencia ganará! En realidad escribir su inventario moral es mucho más útil que escuchar sobre otros haciendo suyos. Es lo mismo con cada paso. Cada paso se basa en el fundamento previo a la misma. Usted tiene que trabajar su recuperación y vive su recuperación.

Afirmación: Hoy, estoy abierto a crecer a través de los pasos.

Lema: Serenidad viene cuando dejo esperando y empiece a aceptar.

11 de Octubre

Una Promesa

Una de las promesas de AA es que "El miedo de la gente y de la inseguridad económica nos dejará." Aprendemos a amarnos a nosotros mismos y luego podemos amar a los demás. Nos enteramos de que Dios nos ama incondicionalmente y nos amamos a nosotros mismos más profundo. Nos enteramos de que nuestro Poder Superior que hace que las cosas sucedan de manera que estamos sanos y salvos financieramente si hacemos nuestra parte. Nos desaprender las respuestas de estrés y aprender a confiar en nuestro proceso y nuestro Poder Superior. Esta es una promesa!

Afirmación: Hoy en día, estoy seguro de que Dios está en control.

Lema: Nunca camine sin escolta a través de su propia mente. Puede ser un barrio peligroso.

12 de Octubre

Mentalidad de Abundancia

La abundancia es más de flujo de caja. Aunque el flujo de caja es un gran regalo no son conceptos mucho más beneficiosos en cuanto a la abundancia. Dormir en una gran cama, una taza de café caliente en una fría mañana, un abrazo, el amor incondicional de una mascota, día de sol lleno, escuchando a la lluvia en el techo, mientras que la lectura de un buen libro, son ejemplos de la abundancia en tu vida. Una mentalidad de abundancia es cuando usted hace una elección consciente para ver las cosas de manera positiva, no importa lo que los retos pueden traer. Se necesita práctica. te darás cuenta de que cuanto más se reclama su abundancia más se va a manifestar.

Afirmación: Hoy en día todo lo que necesito será proporcionado!

Lema: Vivir en la actualidad!

13 de Octubre

Esperanza

Un adicto limpio o alcohólica es un faro de esperanza. Los recién llegados se ven a nosotros para mostrarles el camino. Ellos nos escuchan para obtener conocimiento de nuestra experiencia, fortaleza y esperanza. Ellos confían en nosotros hasta que aprendan a confiar en sí mismos. Somos la luz en la oscuridad. Cuando se piensa en saltar una reunión, se equivoca. Eres necesario en esa reunión para ayudar a los recién llegados. Tú eres su esperanza hasta que tengan su propia luz para sí mismos y los demás.

Afirmación: Hoy en día, soy un faro de esperanza para los demás.

Lema: Si quieres serenidad poner su Poder Superior entre usted y su problema.

14 de Octubre

Consecuencias

Se dice que hay consecuencias a cada acción. Cuando estábamos usando podríamos importar menos la responsabilidad y consecuencias. ¿Ha estado alguna vez la tentación de hacer algo que sería desastroso, pero lo hizo de todos modos? ¿Ha pensado alguna vez en una situación en que las consecuencias de hacerlo sería doloroso para usted y los demás, sino que lo hizo de todos modos? Nosotros pagamos por nuestras acciones. Tenemos que aprender esto en nuestra nueva manera de vivir. Está bien para actuar en la acción, si usted está dispuesto a pagar el precio. Pero, ¿cuán grande es el precio?

Afirmación: Hoy voy a pensar en las consecuencias antes de actuar sobre un tema.

Lema: No importa lo que - usted no tiene que recoger.

15 de Octubre

Aceptación

Para aceptarnos a nosotros mismos debemos aceptar todos nuestros aspectos: nuestras fortalezas, nuestros defectos de carácter, nuestros fracasos y nuestros éxitos. Podemos examinar nuestros errores y beneficiarse de las lecciones aprendidas. Somos un ser espiritual en transformación. El cambio está sucediendo dentro de nosotros! Debemos aceptar el paquete completo de lo que somos. Podemos comparar quiénes éramos con lo que somos ahora y vamos a ver los cambios sucediendo. Tenemos que amarnos a nosotros mismos y aceptarnos a nosotros mismos todos los días.

Afirmación: Hoy, elijo estar aceptando de mí mismo.

Lema: Si sigues haciendo lo que está haciendo va a seguir recibiendo lo que está recibiendo.

16 de Octubre

Fe

Hemos llegado a creer que si le damos a nuestras preocupaciones y vidas a nuestro Poder Superior que las cosas van a mejorar. Hemos pedido que la energía para cuidar de nosotros. No creemos que Dios comete errores. Entonces, ¿qué sucede cuando empezamos a sentir sentimientos amortiguadas regresan después de dejar de usar? Es un don. Puede que no se siente como en su momento. Ten fe en que Dios está en control y todo está bien.

Afirmación: Hoy, afirmo que mi Poder Superior no me va a dar más de lo que puedo manejar cualquier día!

Lema: Las cosas se ponen un poco más fácil una vez que entienda.

17 de Octubre

Fallos

Llega un momento en que nos damos cuenta que las faltas que vemos en otros son un espejo de nosotros mismos. Esto es doloroso admitirlo. Permítanme decir esto de nuevo de una manera diferente. Los defectos que vemos en otros son familiares para nosotros, ya que son las nuestras también. Podemos usar nuestras habilidades conocimientos espirituales que cambiar esto para el mejor! Aprende a volver a dirigir nuestro propio impulso de juzgar a otra persona mediante el reconocimiento de nuestros propios defectos más claramente y con mayor rapidez. Reconociendo que lo que está dentro de nosotros que nos molesta en los demás le ayudará a avanzar en la recuperación.

Afirmación: Hoy, voy a mirar mis propios defectos de carácter en lugar de hacer un inventario de otra persona.

Lema: Que tus sueños perdidos de ayer será su realidad de mañana!

18 de Octubre

Cuerpo-Mente-Espíritu

Se le da un cuerpo, una mente y un espíritu. Ellos necesitan ser alimentados y estar en equilibrio entre sí. Autodestrucción evoca una serie de respuestas que hacen que un enfermo. Cualquier acción fuera de balance causará la enfermedad. Dis-ease no es ser a gusto con su cuerpo, mente y espíritu. Vivir en tu verdad. Honra a ti mismo. Honra a tu Poder Superior. Sé amoroso con Dios, con uno mismo y con los demás. Perdonarnos unos a otros. Confía en el proceso. Mira que se desarrollan magníficamente!

Afirmación: Hoy, elijo para trabajar en el equilibrio de mi cuerpo, mente y espíritu.

Lema: Hasta que el dolor se hace lo suficientemente fuerte no habrá ningún cambio.

19 de Octubre

Libertad de la Locura

No es probable que íbamos a pedir un ataque al corazón, una lesión cerebral traumática o hoy un accidente fatal. Desde luego, no estaríamos en nuestro sano juicio para pedir estos eventos sucedan. En nuestra adicción activa, que no estábamos en nuestras mentes correctas. Cada día que estuvimos en la adicción activa que cortejó a accidentes automovilísticos, sobredosis, tiempo en la cárcel, la pobreza, los divorcios, la pérdida de los niños y la violencia, por nombrar algunos. Estábamos locos en nuestro pensamiento. El milagro es que usted no está allí por más tiempo! Hoy usted está libre de ese nivel de locura! No se olvide de agradecer a su Poder Superior por este tremendo regalo!

Afirmación: Hoy, estoy agradecido de estar libre de la locura!

Lema: La gente humilde no piensa menos de sí mismos. Ellos sólo piensan en sí mismos menos.

20 de Octubre

Dolor

El duelo es un proceso de permitir que usted se sienta todos tus sentimientos y tratar con ellos un poco a la vez. Cuando usted comienza a permitir que sus sentimientos de dolor a salir usted encontrará que cualquier dolor reprimido saldrá junto con el nuevo dolor. Se puede sentir como un doble golpe a veces. A dormir y luego no se puede dormir. Usted quiere comer y luego no tienes apetito. Usted se encuela comenzando a sentir mejor y entonces te golpea en la cabeza una y otra vez. Es difícil concentrarse en nada. La fatiga fija adentro. Este es un momento crítico en el que tienes que llegar a la gente a ser de apoyo para usted y para usted. Llame a su patrocinador. Llamar a un amigo. Llame a alguien en su lista de teléfonos. ¡Alcanzar!

Afirmación: Hoy, voy a buscar ayuda y apoyo.

Lema: Sólo el amor es real.

21 de Octubre

Traición

Traición nos lleva a no confiar de nuevo. Evoca una posición defensiva donde nuestros corazones están cerrados a los demás por miedo. La traición es devastadora. Todos hemos sentido en un nivel u otro. El reto es recordar lo mal que se siente cuando alguien está sintiendo. Necesitamos tener más compasión por los demás y por nosotros mismos. No dejes que la ignorancia de los demás a controlar su corazón. Abre tu corazón a pesar de la traición y el amor de nuevo.

Afirmación: Hoy, voy a mantener mi corazón abierto!

Lema: Los pensamientos no son cosas. Los sentimientos no son hechos. Sólo tienen el poder que les damos.

22 de Octubre

Remordimiento

Algunos de nosotros mantuvo utilizando debido remordimiento. Creíamos que habíamos causado un daño y que no había manera de hacer las cosas bien. Nos habíamos causado angustia y la devastación de muchas personas. A menudo nos creíamos que no podíamos hacer las cosas bien. Podemos transformar nuestros viejos patrones de manera que podamos utilizarlos para lograr la auto perdón. No tenemos para torturar a nosotros mismos con el remordimiento por más tiempo.

Afirmación: Hoy en día, voy a dejar ir de remordimiento reprimida.

Lema: Si haces lo que siempre has obtendrá lo que siempre tienes.

314

23 de Octubre

Prioridades

Tenemos que recordar que somos sólo una bebida o droga lejos de nuestro pasado. ¿Usted está eligiendo sus prioridades para la recuperación? ¿Está llamando a su patrocinador? ¿Estás haciendo sus reuniones? ¿Son sus practicando sus principios en todos sus asuntos? ¿Usted está patrocinando a alguien? ¿Puedes recordar lo que era la primera vez que vino al programa? Su primera prioridad es su recuperación!

Afirmación: Hoy, estoy priorizando mis prioridades.

Lema: Dios nos habla a todos un poco diferente. Con la esperanza vamos a hablar el uno al otro!

24 de Octubre

Miedo

Nos convertiremos derrotado si dejamos que nuestros temores se detienen nuestro crecimiento. Vamos a tener tiempos de recuperación donde estamos asustados o ansiosos. Podemos decirnos a nosotros mismos viejos patrones de charla negativa del uno mismo. Cuando esto sucede tenemos que dejar la negatividad en cuanto nos damos cuenta de ello. Coraje es tener miedo y hacer la siguiente cosa correcta de todos modos. No podemos dejar que el miedo nos paralice. Oren por orientación. La fe siempre late el miedo.

Afirmación: Hoy en día, cuando el miedo ataca voy derecho a Dios por las respuestas.

Lema: Incluso si estoy en el camino correcto - si no me muevo me van a correr de nuevo.

25 de Octubre

Buena Voluntad

El principio de la buena voluntad contrarresta egocentrismo. El núcleo espiritual de la adicción es el egocentrismo. El egoísmo es la primera naturaleza a los de la adicción activa. Queremos lo que queremos cuando lo queremos. Ha sido todo acerca de ti desde hace algún tiempo. En la recuperación, empezamos a ser menos egoísta y más preocupado por los demás. Queremos ser menos acerca de la manipulación y averiguar lo que podemos salir de una situación y más acerca de ayudar a los demás porque nos importa. Este es el principio de la buena voluntad. Vive en su recuperación y no en su enfermedad!

Afirmación: Hoy voy a ser útil.

Lema: La felicidad no es conseguir lo que deseas. Es querer lo que obtienes.

26 de Octubre

Éxito

El éxito está determinado no por si te enfrentas a los obstáculos, pero por su reacción a ellos. Si nos fijamos en estos obstáculos como una valla que contiene, entonces se convierten en tu excusa para el fracaso. Si nos fijamos en ellos como un obstáculo, cada uno que fortalece a la siguiente. No le dé a sus obstáculos a su poder personal. Mira como vallas y obstáculos únicos. Muévete a través del proceso. Hay lecciones que aprender de ellos. Más será revelado!

Afirmación: Hoy, voy a enfrentarme a mis obstáculos y seguir adelante!

Lema: Siéntelo, Tratar con él y curarla!

27 de Octubre

Desarrollo Espiritual

El peso de nuestros resentimientos frena nuestro desarrollo espiritual. Llevamos nuestros resentimientos alrededor y nos peso. Como nos desprendemos de nuestros resentimientos nos sentiremos los cambios energéticos y espirituales. Podemos sentir más ligero. Podemos aprender a perdonarnos a nosotros mismos. Podemos aprender a perdonar a los demás. Nuestros corazones se abrirán más y vamos a sentir paz. El desarrollo espiritual sucede a medida que usted está dispuesto a abrir su corazón y aprender sobre el amor.

Afirmación: Hoy, elijo permitir que mis resentimientos se disuelvan de distancia.

Lema: Primero es lo primero!

28 de Octubre

Determinación

Fuera de dolor, desesperación y decepción viene determinación, el amor propio, el aumento de la auto - estima y la fuerza para estar en nuestra propia verdad. Determinación nos mantiene motivados para avanzar hacia nuestros objetivos. Nos mantiene impulsados a hacer los cambios necesarios para hacer nuestra vida más manejable. El dolor nos ha enseñado bien. La desesperación nos ha enseñado bien. Decepción nos ha enseñado bien.

Afirmación: Hoy, elijo ser más decididos a trabajar por objetivos.

Lema: Feliz, alegre y libre!

29 de Octubre

Dejar Ir

Aprender a dejar ir es un proceso. La primera vez que empezamos podemos aprender que nuestro Poder Superior funciona a través de otros. Podemos aprender que cuando estamos en busca de respuestas que nos están desafiando posible que tengamos que escuchar a la gente con un tiempo de recuperación. Cuando estamos dispuestos a aceptar que no sabemos todo y no tenemos todas las respuestas, podemos ser capaces de empezar a aprender a abrirse y crecer. Si queremos más y más profunda comprensión de cómo funciona Dios debemos pasar algún tiempo en la oración y la meditación. Dejar ir y dejar que Dios obra si trabajamos él!

Afirmación: Hoy, me dejo ir y dejar a Dios una y otra vez y otra vez!

Lema: Los resentimientos son como el pis sus pantalones. No afectan a nadie tanto como usted!

30 de Octubre

Auto Aceptación

Muchos de nosotros nos sentimos como que no pertenecemos desde una edad temprana. En montaje era algo que no hicimos bien. Teníamos miedo al rechazo. Construimos muros altos, así que podríamos bloquear personas. Estábamos preparados para decir "si no te gusto - No me gusta usted." Defiance fue nuestra protección en nuestra juventud. Nuestro uso de drogas y alcohol creció y creció. Cuanto más tiempo que estábamos usando cuanto mayor se convirtieron en los muros defensivos. Luego encontramos la Comunidad. Hemos encontrado aceptación en el programa. La gente nos aceptaron antes de que aceptamos a nosotros mismos. Una vez que se convirtió en uno mismo - aceptar pudimos permitir que otras personas a ser parte de nuestras vidas sin el miedo al rechazo!

Afirmación: Hoy, elijo ser auto - aceptación y auto amorosa!

Lema: Escuche el mensaje no el mensajero.

31 de Octubre

Oración

Practicar la honestidad en la oración nos ayuda a entrar en el hábito de ser honesto en la vida. Se encuentra a menudo que tenemos un reto en ser honrados alrededor de la otra en un primer momento. Luego, con un poco de tiempo en el programa aprendemos que podemos compartir nuestra historia y no ser juzgados. La oración nos ayuda a aprender cómo hacer frente de una manera nueva y didfferent. La oración no es ni difícil ni complicado. Sólo tiene que hablar como si estuviera hablando con un amigo.

Afirmación: Hoy, voy a practicar a hablar con Dios.

Lema: En busca de Dios es como un pez en busca de agua.

Noviembre

1 de Noviembre

Ser Derecho

¿Quieres estar en lo cierto o feliz? ¿Estás dispuesto a renunciar a ser derecho a ver el mundo de manera diferente? ¿Te das cuenta de que cuanto más se intenta demostrar que tienen razón al menos intimidad y amistades que tendrá? La necesidad de tener la razón todo el tiempo muestra sus inseguridades. Cuanto más tratamos de impresionar a los demás, menos derecho nos convertimos en sus ojos. ¿Puede usted darse cuenta de que ninguno de nosotros tiene todas las respuestas? ¿Se puede considerar que cuando se comparte que usted no sabe la respuesta a otros le ayudarán? ¿Quieres vivir de forma segura? Dale a tu Poder Superior la oportunidad de estar a la derecha y estará en recuperación.

Afirmación: Hoy, quiero ser auténtico con los demás.

Lema: No hay grandes ofertas.

2 de Noviembre

Adicción

La adicción es más que las drogas o el alcohol que utilizamos. Es una enfermedad que involucra a todas las áreas de nuestras vidas. Afecta a nuestros pensamientos, nuestros comportamientos, nuestros sentimientos y nuestras relaciones. Incluso después de dejar de usar todavía somos adictos. La adicción es una enfermedad.Tenemos la oportunidad de hacer la elección entre vivir en la solución o morir en la enfermedad. ¿Cómo se restaura a sí mismo a la cordura?

Afirmación: Hoy me quedo limpio y sobrio.

Lema: No importa lo lejos el pasado hemos tropezado estamos a sólo 12 pasos de la solución!

3 de Noviembre

Responsabilidad

Hemos evitado la responsabilidad desde hace bastante tiempo, mientras que en la adicción activa. Es cierto que cuanto más trabajamos nuestro programa más estamos dispuestos a ser responsables de nosotros mismos y de nuestras acciones. Hemos aprendido a no tomar nuestra recuperación por sentado. Aceptamos la libertad de elección que tenemos ahora. Entendemos que las acciones tienen consecuencias.Estamos en nuestros dos pies orgullosos de dónde venimos y emocionados acerca de dónde nos dirigimos?

Afirmación: Hoy, estoy agradecido por poder tomar buenas decisiones.

Lema: Si es que le toca a mí!

4 de Noviembre

Depresión

La depresión requiere tratamiento. Las opciones de tratamiento incluyen asesoramiento, terapia, medicamentos, hospitalización y apoyo. No todo el mundo necesita todas las opciones a la vez. Usted y su médico o terapeuta puede discutir sus opciones juntos. Es importante mantener su rutina diaria, mientras que usted está deprimido. Haga sus reuniones. Hable con su patrocinador regularidad. La oración y la meditación ayuda. Coma alimentos saludables. Beber abundante agua. No se aísle lejos de los demás. La depresión puede dar vuelta a la desesperación. Esto puede jepardize su recuperación. Sus sentimientos de depresión no durarán para siempre.Esto también pasará!

Afirmación: Hoy voy a hablar abiertamente sobre mis sentimientos con otra.

Lema: Grandes expectativas pueden conducir a grandes decepciones.

5 de Noviembre

Rendición

Nos rendimos cuando reconocemos nuestra impotencia. Este es un gran paso para nosotros en el proceso de recuperación. Comenzamos a trabajar los pasos. Llegamos a creer que un Poder superior a nosotros mismos puede librarnos de nuestra locura.Nuestra rendición convierte en aceptación cuando permitimos que nuestro Poder Superior a nuestras vidas. Si podemos permitir que nuestro Poder Superior a cuidar de nosotros comenzamos a profundizar nuestra relación con Dios. Rendición puede ser una relación de por vida de amor incondicional y el crecimiento personal.

Afirmación: Hoy, me rindo mi voluntad y mi vida a ti Dios.

Lema: Y sucedió, que no vino para quedarse!

6 de Noviembre

Vivir en el Ahora

Para muchos de nosotros el pasado es una pesadilla que queremos olvidar tan pronto como nos sea posible. Tenemos un montón de culpa, el miedo, la ira, la rabia, la tristeza, el dolor y otras emociones altamente volátiles que disparará de vez en cuando. Hemos aprendido a través de los pasos cuatro y cinco que nuestros viejos comportamientos y estrategias no trabajan para nosotros entonces y que no vamos a trabajar ahora. Sabemos que necesitamos ayuda. Pedimos en pasos seis y siete para nuestro Poder Superior que nos exime de ellos y la culpa y la vergüenza que traen consigo. Compartimos con otros que nuestras vidas están en el proceso de cambio a través de los pasos ocho y nueve. Ya no estamos controlados por nuestro pasado y estamos viviendo en la recuperación. Vive tu vida en la actualidad. El pasado ya pasó.El futuro no está todavía aquí. Estancia en el AHORA. Permanecer en la actualidad.

Afirmación: Hoy, voy a entregar mis ansiedades y temores a Dios.

Lema: Hoy es el mañana me preocupaba ayer!

7 de Noviembre

Actitud

Se ha dicho que la actitud lo es todo. La declaración es lo suficientemente convincente. "Lo que (wo) man puede creer (s) se puede lograr", dijo Napoleón Hill.¿Qué crees que puede hacer que usted puede hacer. Si usted piensa que no puede hacer algo ... te garantizo que va a estar en lo cierto. Puede ser cien por ciento correcto si usted piensa que puede o no puede hacer algo. El pensamiento crea la acción. Actitud crea pensó.

Afirmación: Hoy, elijo esperar resultados positivos solamente.

Lema: Cada nuevo día ofrece una nueva oportunidad!

8 de Noviembre

Serenidad

Que haya paz en la Tierra y que empiece conmigo. Yo estoy en control de mis pensamientos y sentimientos. Soy capaz de manejar cualquier tema que aparece. He comenzado un nuevo comienzo en la recuperación y la transformación espiritual, trabajando sobre mis pasos. Estoy totalmente responsable de mi propia serenidad.Tengo un Poder Superior que es mi amigo, confidente y consejero. La paz es mío si yo quiero que. Sólo por hoy soy lo suficientemente!

Afirmación: Hoy, elijo dejar que la paz comienza conmigo!

Lema: Mida usted mismo por sus mejores momentos no es su peor!

9 de Noviembre

Una Promesa

Intuitivamente lo sabremos cómo manejar situaciones que antes nos desconciertan.¿Cómo será eso de nosotros? Un día a la vez la creación de confianza en nuestro Poder Superior y el aprendizaje de nuevas formas de ser! Trabajar los 12 pasos nos mantiene creciendo y profundizando nuestra comprensión de nosotros mismos y los demás. Vamos a transformar justo en frente de nuestros ojos y los de nuestras reuniones! La transformación espiritual sucede momento a momento.

Afirmación: Hoy voy a hacer esfuerzos para crecer en la comprensión de mí mismo.

Lema: Ayuda a aprender la diferencia entre ser responsable de los demás y ser responsable con los demás.

10 de Noviembre

Crecimiento Espiritual

Ya sea Estamos creciendo o en descomposición. ¿Qué estás haciendo? Uno de los principios más importantes de crecimiento espiritual es el objetivo de permitir que Dios trabaje con usted y para usted en lugar de ser rebelde. En este programa estamos rindiendo y aceptar, rezando y meditando, la búsqueda del conocimiento, la apertura de nuestras mentes y demonstarating nuestra disposición a probar nuevas experiencias y pensamientos. Si usted hace el trabajo que va a crecer espiritualmente.¿Qué te está deteniendo hoy? Ora al respecto!

Afirmación: Hoy, voy a orar por mi vida!

Lema: Si usted se encuentra en una rutina, dejar de cavar!

11 de Noviembre

Paso Once

En el Paso Once, tratamos de mejorar nuestro contacto consciente con Dios, como nosotros entendemos a Dios. Oramos y meditamos en el conocimiento de la voluntad de Dios para con nosotros y la fortaleza para cumplirla. Es un gran paso. Nos mantiene de rodillas. Realmente tenemos que orar acerca de esto y emocional y espiritualmente hacer el trabajo para seguir adelante. Debemos reflexionar sobre cómo eran las cosas, y cómo queremos que sean. Hablar con Dios es realmente fácil.Dios conoce su corazón antes de comenzar la discusión. No se puede ofender a Dios.Dios es lo suficientemente potente como para manejar todos sus problemas y mucho, mucho más. Así que relájate y tr

Afirmación: Hoy voy a elegir a rezar un poco más en mi día.

Lema: Aprender de los errores de otros.

12 de Noviembre

Espera

He aquí un pensamiento esclarecedor: Cuando nos sentimos como si alguien está poniendo a prueba nuestra paciencia, no se trata de nuestra paciencia se está probando con ellos, se trata de nuestro ser paciencia a prueba dentro de nosotros mismos. Es nuestra transformación de una situación que nos tiene que ser pacientes con nosotros mismos, no a la persona o cosa. La paciencia con uno mismo conduce a la paciencia con los demás. No regale su poder personal a otros. Manténgase paciente. No tome otras acciones y palabras personalmente. Es acerca de ellos, después de todo.

Afirmación: Hoy, voy a practicar la paciencia con los demás.

Lema: La recuperación es un trabajo interno.

13 de Noviembre

Comunicación

La comunicación es la acción, apoyado por el deseo, de relacionarse con otro ser humano. Se presenta en muchas formas: verbal, no verbal, por escrito, la energía física y el lenguaje corporal para nombrar unos pocos. Un hecho que tenemos que aprender es que el volumen no aumenta la comprensión. Gritar a alguien no los hace escuchen más clara. Cuando estábamos en la adicción activa a menudo nos comunicamos en menos de términos amistosos. Muebles Rompiendo no va a funcionar ahora. Amenazar violencia sobre los demás es la comunicación, pero no una estrategia preferible. Intenta que viene de su corazón, no sus miedos, con sus sentimientos. No coloque la culpa de los demás. Comience con "Me siento ...". Usted va a encantar cuando funciona!

Afirmación: Hoy voy a trabajar en la comunicación efectiva con los demás.

Lema: No tomar todo personalmente!

14 de Noviembre

Enfado

Aprender a expresar la ira de nuevas maneras apropiadas es un reto al principio, para muchos de nosotros. La ira reprimida a menudo se manifiesta como un cartucho de dinamita que sopla todo. Hace calor en energía y puede haber enconado durante mucho tiempo. Cuando esta experiencia ocurre es explosivo y hostil. Después de haber dejarlo salir usted puede sentirse muy aliviado y fatigado. Ustedes han estado sosteniendo que la ira por mucho tiempo. Se ha estado doliendo usted. No hace daño a nadie más. Asegúrese de ir a la persona (s) que explotó en disculpas y para la proyección de que los residuos tóxicos en ellos. Haga su paces.

Afirmación: Dejar ir el enojo me libera de mi dolor.

Lema: Escuchar y aprender.

15 de Noviembre

El Cuidado De Un Ser Querido

Cuidar a un amigo enfermo por un corto período de tiempo es un gran regalo de amor y compasión. Caretaking un adicto o borracho es totalmente diferente. No es nuestro papel para rescatar a otros. Es nuestro papel de cuidar de nosotros mismos. Debemos aprender que somos impotentes ante la vida de otras personas, incluyendo miembros de nuestra familia y seres queridos. Nuestra principal responsabilidad es cuidar de nosotros mismos. De vez en cuando nos vemos atrapados en la distracción de prestar atención a los demás para guardarnos de mirarnos a nosotros mismos! Es fundamental para el desarrollo de nuestra propia identidad individual. Somos impotentes para otras opciones en sus vidas. Darles a su Poder Superior.

Afirmación: Hoy, voy a prestar atención a mis propias necesidades!

Lema: Sólo puedo llevar el mensaje. No puedo llevar el borracho.

16 de Noviembre

Sentimientos Congelados

En algún lugar cuando éramos más jóvenes nos enseñaron a no mostrar nuestros sentimientos, ya que podría molestar a alguien con autoridad de nosotros. Se nos enseñó que si muestras tus sentimientos te harán daño. Así aprendimos a apagar o adormecer a cabo nuestros sentimientos. A medida que trabajamos el programa, nos enteramos de que tenemos que ser conscientes de lo que son los sentimientos realmente son y cómo expresarlas sanamente. A medida que empezamos a tomar conciencia de nuestros sentimientos y liberarlos puede haber dolor. No va a durar para siempre. Experimentar tus verdaderos sentimientos puede sentirse incómodo al principio. Siéntase libre de llorar y compartirlos con alguien en el programa.

Afirmación: Hoy, elijo sentir mis sentimientos!

Lema: Debe estar presente para ganar!

17 de Noviembre

Comunicación

La comunicación honesta es vital para una relación sana. Las parejas que no hablan con honestidad más que probable que romper con el tiempo. Relaciones rotas se sienten mal. ¿Por qué no trabajar en el fortalecimiento de su relación con su pareja ahora trabajando en la comunicación honesta eficaz. Pregúntele a su Poder Superior para ayudarle a ser paciente mientras se aprende a comunicarse más eficazmente. Tire a la culpa por la ventana. Comience frases con "yo siento" en lugar de "Usted ....".Ora antes de sentarse a hablar con los demás. Puede crear milagros con la ayuda de Dios!

Afirmación: Hoy, me siento un milagro adelantándose!

Lema: El viaje más largo comienza con el primer paso.

18 de Noviembre

Aprobación

¿Has oído hablar de Doris Day cantar "Que sera sera"? Lo que sea sera. El futuro no es nuestro para ver. Que sera sera '. "Eso es un ejemplo perfecto de la aceptación!Que es es. Debemos aceptar ciertas situaciones sabiendo que somos impotentes para cambiarlos. Podemos cambiarnos a nosotros mismos con la ayuda forma nuestro Poder Superior. Podemos ayudar a situaciones de cambio con la oración y otros de apoyo. Sin embargo, no podemos cambiarlo todo. Es difícil para nosotros aceptar.Negarse a aceptar es la negación. Decir "gracias a Dios" hoy por la vida que tienen y sus muchas bendiciones!

Afirmación: Hoy, elijo la siguiente cosa correcta en el proceso de mi programa de recuperación espiritual.

Lema: Ser o simplemente existe - la elección es suya.

19 de Noviembre

Demostración

Cuando un alcohólico o un adicto entra en su primera reunión que no saben nada, pero que se les ha dicho que la ayuda se puede encontrar allí. La demostración de que los miembros de esa reunión dan es lo que puede ser el dato que los mantiene regresando por más. Demostramos que funciona! Se demuestra que hay un lugar seguro para estar. Nos demuestran que tenemos una estructura y un plan que seguimos. Se demuestra que el éxito se puede encontrar un día a la vez.

Afirmación: Hoy, elijo para dar mi fe más energía y poder en lugar de mis retos.

Lema: La gente cambia cuando el dolor de no cambiar supera el dolor de cambiar.

20 de Noviembre

Perseverancia

Algunos dicen que cuando las cosas se ponen duras, los duros se pone en marcha. La perseverancia es que "se pega-a-itive-dad que nos impide hacer lo siguiente que la derecha y otra vez. Creación de un cuadro persistente de la acción correcta es importante para nuestra serenidad. Aprendemos hay batallas para elegir y causa de ignorar. Aprendemos lo que rendirse a nuestro Poder Superior (todo). Aprendemos a hacer el siguiente día lo correcto tras día, hora tras hora. Esta es la forma en que perseverar y crecer!

Afirmación: Hoy en día, cuando los retos aparecen voy a perseverar y seguir mi programa.

Lema: El final es donde se parte de!

21 de Noviembre

Agradecimiento

En Estados Unidos, se celebra Acción de Gracias en el último jueves de noviembre.Compartimos una comida estamos viviendo en una tierra que es gratis. Estamos muy agradecidos por aquellos que vinieron antes que nosotros y nos hizo un camino claro. En la recuperación, también estamos agradecidos por aquellos que vinieron antes que nosotros y nos hizo el camino libre. Recuerde, esta semana, para agradecer a su grupo base, su patrocinador y tus amigos que han ayudado a aprender una nueva forma de vida!

Afirmación: Hoy elijo para bendecir a otros con mis palabras y acciones.

Lema: La voluntad de Dios nunca te llevará donde la gracia de Dios no te protegerá.

22 de Noviembre

Crecimiento Espiritual

Cuando tomamos la decisión de entregar nuestra vida y nuestra voluntad a Dios, como nosotros entendemos a Dios estamos haciendo el primer paso en el crecimiento espiritual. El desarrollo espiritual no es un proceso rápido. Es una más de algún tiempo occuring proceso cuando empezamos a depender cada vez más de Dios para cuidar de nosotros. Crecemos de la disciplina que se necesita para hacer que la próxima elección correcta una y otra vez en nuestras vidas. Estamos creciendo confianza en el hecho de que Dios es para nosotros cuando lleguemos al lugar en el que vemos a Dios como un amigo de confianza. La oración nos ayuda a sentirnos más conectados. ¿Se siente conectado con Dios hoy? Si usted no es ... que se mudó?

Afirmación: Hoy, elijo estar cerca de Dios.

Lema: Dos personas que miró a través de barras de la prisión. Se veía barro las otras estrellas de sierra.

23 de Noviembre

Reconciliación

No podemos tener la reconciliación sin tener curación. No podemos tener la curación sin haber obtenido un despertar espiritual y una transformación espiritual. Esto viene como un componente importante de nuestro programa. Trabajar nuestros pasos un día a la vez y aceptar la novedad de que la vida tiene para ofrecernos. Podemos estar listo para una reconciliación pero nuestros seres queridos puede no estar listo aún. si esto sucede debemos darles tiempo para curarse a sí mismos. Tiene que ser en el Tiempo Divino no en nuestro tiempo.

Afirmación: Hoy en día, que envío sólo el amor y el perdón.

Lema: Cuando la boca está cerrada no se puede poner el pie en ella.

24 de Noviembre

Controlar

La ilusión de control es a la vez seductor y poderoso. Nos gusta la sensación de control. Queremos dirigir el espectáculo. "Mi manera o la carretera" se ha dicho muchas veces antes. "Dinero en efectivo, culo o la hierba nadie monta gratis 'se ha escuchado un par de veces también. Luchamos para encontrar el equilibrio en un mundo donde nunca estuvimos en control. Como los niños, algunos de nosotros tuvimos padres que estaban tan fuera de control que dependía de nosotros para tener el control en el momento una edad demasiado temprana. Hemos aprendido estos patrones de control. En el programa hay que permitimos que Dios tenga el control.Esta es una pregunta difícil, hasta que ganamos la confianza en el proceso. Recuerde control es una ilusión.

Afirmación: Hoy me dejo llevar por mi necesidad de controlar y ver la belleza despliegan!

Lema: Nada cambiará hasta que lo cambie.

25 de Noviembre

Dar Las Gracias

Dar gracias es una decisión adecuada y saludable para hacer en nuestras vidas.Tenemos mucho que agradecer en la recuperación. No estamos en la cárcel. No estamos en un hospital psiquiátrico bloquear unidad. No estamos muertos. Estamos vivos y bien y aprender a vivir la vida un día a la vez! Crear una lista de gratitud por diez días y ver cuántos situaciones puedes encontrar para ser agradecido! Nuestros corazones están abiertos y caliente para dar y recibir amor!

Afirmación: Hoy, elijo ser mirar más allá de las cosas obvias que podía ser agradecido y encontrar más razones para estar agradecido.

Lema: La vida es un don de Dios para ti. Lo que hagas con él es su regalo a Dios.

26 de Noviembre

Buscando la Arrobación

Aprobación era difícil de conseguir en nuestras vidas cuando éramos niños para algunos de nosotros. Queríamos que la atención y el amor desesperadamente. Esto rara vez pasó por nosotros. Esto dio lugar a una gran necesidad de validación. Validación se convirtió en la meta más de conocer y compartir nuestros sentimientos reales. Queríamos que la gente como nosotros. Hemos tratado de manejar sus impresiones sobre nosotros. Este fue un trabajo duro! Ahora tenemos que aprender a evitar que la gente agradable y temiendo el fracaso, la crítica y el pensamiento de ser indigno. Debemos crecer nuestra confianza y prestar atención a nuestras propias necesidades. Debemos ponernos primero! Hay algunos que te ame manera correcta si muestra otros el verdadero tú. Usted ya no tiene que buscar la aprobación de nadie.

Afirmación: Estoy abierto a recibir la bendición de todas partes.

Lema: Lo que usted cree con convicción se convertirá en su realidad!

27 de Noviembre

Ataque

"Todo ataque es un grito de ayuda", según el Curso de Milagros. Esta es una declaración verdadera. Cuando otros están proyectando sus sentimientos tóxicos en que en lugar de enfrentar sus propios sentimientos que te atacan por cualquier razón racionalizan. Ellos están en su locura para ese momento en particular. No tiene cierto o real. Sus acciones son una muestra de lo mucho que están en el dolor. Es difícil mantener esa clara cuando otra persona está vomitando hay equipaje en ti. Saben que están sufriendo. Perdónalos. Escapar y dejar que ellos tienen tiempo para crecer y cambiar. Usted no causó y no se puede arreglar. ¡Déjalo ir!

Afirmación: Estoy abierto a perdonar a los que me siento me he hecho daño.

Lema: Recuerde que hay sólo 18 pulgadas entre un halo y una soga.

28 de Noviembre

Violencia

Sobre la base de las estadísticas en 2012 consideran que el alcohol y el consumo de drogas son un factor en lo siguiente:
• El 73% de todos los delitos graves
• El 73% de los casos de golpear a los niños
• 41% de los casos de violación
• 81% de los casos de rebozado esposa
• 72% de los apuñalamientos
• 83% de los homicidios
No seas parte de las estadísticas. Obtener limpia y mantenerse limpio!

Afirmación: Hoy, voy a elegir ser parte de la solución y no del problema.

Lema: Cuando me acerco a un muro de miedo por lo general resulta ser meramente una cascada.

29 de Noviembre

Meditación

Escuchando la voz silenciosa dentro es una oportunidad de practicar nuestro crecimiento y conciencia espiritual. La meditación es la práctica de apagar las voces que escuchamos y permitir que Dios hable con nosotros. Se necesita práctica. Estar quieto y esperar en Dios. La meditación no tiene que ser hecho en una almohada especial o en un determinado ambiente. Se puede meditar en cualquier lugar que puede apagar los ruidos que están fuera de ustedes. Escucha practicar y practicar la paciencia. ¡Vendrá!

Afirmación: Hoy, voy a encontrar tiempo para meditar durante diez minutos.

Lema: "Elegimos nuestras alegrías y tristezas mucho antes de las experimentamos".Kahlil Gibran

30 de Noviembre

Perfeccionismo

Es más saludable para resistir la tentación de luchar por el perfeccionismo en todo lo que hacemos. Esto le hará loco. No vayas allí! Tenemos que dejar de lado las expectativas poco realistas que tenemos para nosotros mismos y para los demás.¿Sus seres queridos y hágase un favor y renunciar a este objetivo de adulador perfeccionismo. Es parte de lo que nos hace enfermar. Pensamiento que apesta! La autoestima y el perfeccionismo son mutuamente excluyentes. Nuestro programa enseña u auto-aceptación, respeto de sí mismo y la humildad. Podemos amamos a nosotros mismos tal como somos!

Afirmación: Hoy, me acepto tal como soy!

Lema: "Si usted piensa que usted no puede o puede que suelen tener razón." Henry Ford

Diciembre

01 de Diciembre

Obstáculos

El miedo es un obstáculo enorme. El miedo al cambio, miedo al cambio, la falta de voluntad para cambiar y nuestra falta de confianza son todos obstáculos para nuestra recuperación. Nuestro programa ofrece a ayudarle. Tenemos que tomar esa ayuda y en el tiempo regalarlo a otros. Cambio puede ser un proceso lento, pero va a mejorar con el cambio en el tiempo. Usted tiene la capacidad de cambiar. Gandhi dijo: "Sé el cambio que quieres ver en el mundo." Usted puede hacerlo con la ayuda y orientación de su Poder Superior.

Afirmación: Hoy elijo la paz en mi vida.

Lema: Cuando una puerta se cierra otra se abre. Se trata de los pasillos oscuros que nos asustan!

2 de Diciembre

Cuerpo - Mente - Espíritu

Somos seres espirituales teniendo una experiencia humana compuesta de cuerpo, mente y espíritu. Nuestro objetivo es llegar a ser consciente y consciente de lo que necesitamos y lo que somos en toda nuestra gloria. Nuestro objetivo es encontrar un equilibrio saludable de cada uno y se mezcla en nuestras vidas. No es tan fácil como parece. Sin embargo, es posible! Alimente a su cuerpo, mente y espíritu a diario.Ámate a ti mismo, así como le sea posible. Acceda a la fuerza y el amor incondicional de su Poder Superior. Use la disciplina y la estructura para ayudarle a crear una vida digna de ser vivida!

Afirmación: Hoy decido permanecer en equilibrio.

Lema: "Lo que no nos mata nos hace más fuertes" Friedrich Nietzche

3 de Diciembre

Rabia

La ira es una letra fuera de peligro. Algunos de nosotros hemos reprimido nuestras heridas que se convierte en ira tanto tiempo que ahora se enoje. ¿Quién sabe lo que va a hacerla estallar o dónde? Primeros provocada por algo sin resolver en nuestro pasado fijará apagado. La rabia se presenta. La gente no recuerda las cosas que hicieron o dijeron en lo que se llama una "furia ciega". Llegamos a ser totalmente fuera de control en nuestras emociones. No es bonito ni productivo. Si tenemos la suerte no nos terminamos haciendo daño a otra persona, perjudicando a nosotros mismos o ir a la cárcel. ¿Quieres ser que enfrascada persona con un fuera de control de rabia? Dele a su dolor y rabia a Dios hoy!

Afirmación: Hoy, voy a sentir mis sentimientos para que no degeneren en rabia.

Lema: La ira es un ácido que puede hacer más daño al recipiente en el que se almacena que a cualquier cosa en la que se vierte.

4 de Diciembre

Dependencia

Adicción Dependencia: una enfermedad adictiva y potencialmente fatal por lo que el comportamiento del individuo tiene consecuencias devastadoras sobre el trabajo y la familia a causa de una, incontrolable necesidad insaciable de consumir mayores cantidades de la droga. Este medicamento podría ser el juego, debting, comer en exceso, el sexo, el exceso de trabajo, el alcohol o los narcóticos entre otros. Le damos nuestro poder a la droga de nuestra elección. Nos volvemos dependientes psicológicamente, físicamente, espiritualmente y financieramente a la obtención de la sensación de que va con teh fármaco de elección. Liberarse significa vida. Mantenerse adicción activa es la muerte.

Afirmación: Hoy, elijo permanecer limpio y vivir mi vida en paz.

Lema: Preocupación es como ser una mecedora. Le da algo que hacer, pero nunca a ninguna parte!

5 de Diciembre

Humildad

La verdadera humildad es ver a nosotros mismos por lo que somos, con fortalezas y debilidades. Es un tema recurrente en la recuperación. Cuando practicamos la humildad recibimos el entendimiento para trabajar nuestro programa espiritual y lograr buenos resultados. Humildemente buscar la voluntad de Dios nos permite ser libres que nos proporciona la tranquilidad que necesitamos para lograr la paz y la felicidad nos esforzamos por encontrar.

Afirmación: Hoy, elijo practicar la humildad en todos mis asuntos.

Lema: OK! Bajar de la cruz - necesitamos la madera!

6 de Diciembre

Aislamiento

Nos aislamos para protegernos. A veces se siente más seguro para retirarse de nuestro entorno que lidiar con la incomodidad que sentimos. Esos mensajes que "no son suficientes y no son dignos" perseguirnos. En algún momento, cuando éramos más jóvenes que estaban en problemas con una figura de autoridad si hablamos nuestras verdades. Aprendimos a no expresar nuestros sentimientos en frente de otros. La idea era que no podíamos ser castigados si seguíamos a nosotros mismos.Queríamos tener un cierto resultado positivo en un mundo de incertidumbre. No tenemos que ocultar por más tiempo. Es seguro para compartir nuestros sentimientos en las reuniones.

Afirmación: Hoy, elijo decir mi verdad y liberarse.

Lema: Momentos Difíciles - Busque a Dios! Cada momento - Gracias a Dios!

7 de Diciembre

Una Promesa

"De pronto nos daremos cuenta de que Dios está haciendo por nosotros lo que no podíamos hacer por nosotros mismos." Esta conciencia espiritual nos da la libertad en nuestra vida. Gratitud allá de la imaginación se crea con este regalo. Comenzamos en el paso uno y continuamos una y otra vez a trabajar en nosotros mismos. Le pedimos a Dios que nos ayude y que Dios hizo y hace. Esta es una promesa cumplida a diario por el resto de nuestras vidas. Dios no rompe promesas.

Afirmación: Hoy, elijo estar agradecidos a Dios el manejo de mi vida.

Lema: La gracia es un don inmerecido, injustificada y no devengados.

8 de Diciembre

Paso Doce

Es nuestra responsabilidad de llevar el mensaje y practicar los principios que hemos aprendido en todos nuestros asuntos. Hemos sido bendecidos incomparable haber obtenido un despertar espiritual como resultado de trabajar los pasos. Nuestras vidas han cambiado para siempre con el conocimiento que nos han dado y estamos compartiendo. Podemos dar nuestro amor y el conocimiento siempre. Sabemos con seguridad que funciona si trabajamos él! Debemos vivir nuestra programa de un día a la vez. Hay suficiente para hacer frente a cada día. ¡Mantenlo simple!

Afirmación: Hoy, elijo para llevar el mensaje a otros al cruzar mi camino.

Lema: El fracaso no es fatal ... único fracaso para volver a decir.

9 de Diciembre

Una Promesa

Una de las promesas es que de pronto nos daremos cuenta de que Dios está haciendo por nosotros lo que no podíamos hacer por nosotros mismos. Esta es una promesa de esperanza y aceptación. Somos capaces de reconocer que necesitamos a Dios para manejar nuestras situaciones. Humildemente admitimos que no podemos hacer por nosotros mismos. Trabajamos el programa diario y esperamos en nuestro Poder Superior para ayudarnos a hacer los cambios que necesitamos hacer. Dios viene a través de una y otra vez y otra vez!

Afirmación: Hoy, elijo dar gracias a Dios por amarme lo suficiente para ayudarme a cambiar de adentro hacia afuera!

Lema: La gente a menudo necesitan amor más cuando se lo merecen menos.

10 de Diciembre

Baja Autoestima

Cuando éramos niños no nos animamos a menudo a creer que éramos importantes o incluso adecuada. La crítica nos hirió profundamente. Hemos aprendido a creer que estábamos mal en lugar de nuestras acciones eran malas. Tratamos difícil de complacer sólo para ser más frustrado. Nuestro pensamiento mágico infantil nos dijo que éramos la causa de muchos de los desafíos de nuestra familia. La baja autoestima puede afectar a nuestra capacidad para establecer metas y lograr esas metas. Nos convertimos en cualquiera de los tomadores de riesgo de control o no están dispuestos a correr ningún riesgo en absoluto. Cuando algo sale bien no sabemos cómo aceptar el crédito. Cuando algo sale mal nos sentimos responsables de él, incluso si no nos hacemos responsables por ello.

Afirmación: Hoy, elijo para dar mis problemas con baja autoestima a mi Poder Superior que me ayude a sanar a mí mismo.

Lema: La dilación es la brecha entre la intención y la acción.

11 de Diciembre

El Yo

Usted siempre puede decir cuando es su ego hablando con usted debido a sus difíciles, formas fraudulentas. Tienes dos formas de energía en el universo. No es Dios y no es el Ego. Dios nunca le dirá a dañar a alguien, decir una mentira, o no estar en su integridad. Tu ego, por el contrario, se susurrar palabras de amor en su cabeza acerca de cómo usted no necesita a nadie más, se puede usar en cualquier momento que desee y no importará y decirle a ser deshonesto. Tienes la oportunidad de tomar la decisión.

Afirmación: Hoy, me vendrá de amor y no de mi ego.

Lema: EGO: El mal que se enciende!

12 de Diciembre

Buscando la Aprobación

Buscamos aprobación de los demás cuando queremos validación. Queremos validación porque queremos sentirnos bien con nosotros mismos. Cuando necesitamos aprobación de los demás por lo general se sienten indignos, que carecen de la confianza, que temen el fracaso o la crítica y haciendo caso omiso de nuestras propias necesidades. Cuando estamos complacer a la gente que estamos tratando de complacer a los demás en lugar de cuidar de nosotros mismos. Nos quedamos en relaciones destructivas, porque no sabemos cómo salir sin alterar nuestro socio. Hay manera más sana de conseguir validado. Tener una charla con su patrocinador acerca de esto.

Afirmación: Hoy en día, voy a tener mis necesidades de validación conocido de una manera saludable.

Lema: Las personas que no van a las reuniones no están allí para ver lo que sucede a las personas que no asisten a las reuniones.

13 de Diciembre

Espera

Puede ser muy tratando de ser paciente cuando tiene que ir a alguna parte y no se puede llegar a donde quieres llegar a tiempo porque su pareja se olvidó de poner gasolina en el coche. Es ahora en vacío, llega tarde y no hay mucho tráfico. ¿Lo que pasa ahora? Tome una respiración profunda o dos y hable a sí mismo hacia abajo y fuera de esa forma de pensar. La paciencia es un conjunto de habilidades que se lleva a la práctica de adquirir. Paciencia viene con la atención y la compasión. Todo funciona en conjunto para moldear en lo mejor de ti. Un día a la vez...

Afirmación: Hoy, elijo ser paciente en tratar y situaciones difíciles. No necesito a reaccionar de forma exagerada cuando estoy frustrado.

Lema: Deja ir o ser arrastrado!

14 de Diciembre

La Resolución de Conflictos

¿Qué pasa si me planteé una pregunta a usted que fue así: ¿Estaría usted dispuesto a renunciar a ser derecho de aprender una nueva manera de ver las cosas? ¿Cuál sería su respuesta? Los conceptos de bien y el mal son las percepciones sobre la base de los procesos de pensamiento y valores que han dado sus pensamientos. La resolución de conflictos puede comenzar a suceder cuando todas las partes están dispuestas a dejar de estar en lo correcto y estar dispuestos a escuchar el uno al otro. Lo que estoy diciendo no puede ser lo que está escuchando! Esté dispuesto a renunciar a estar en lo correcto.

Afirmación: Hoy, elijo renunciar a la necesidad de estar en lo correcto en todo momento.

Lema: Si quieres sobrevivir - bajar el suyo!

15 de Diciembre

Serenidad

La recuperación no garantiza la serenidad perpetuo. Tranquilidad no sucede por sí solo. Tenemos que crear con nuestras respuestas. El estrés y el dolor son todavía va a pasar con nosotros. Es en cómo respondemos a ella ahora que estamos en recuperación que hará la diferencia en nuestra calidad de vida. Nuestro programa nos promete serenidad si trabajamos el programa. Sabemos que hay un lugar tranquilo, seguro lo profundo de nosotros, donde podemos ir para restauración y refugio. Sabemos cómo hablar con Dios y cómo escuchar. Nos corresponde a nosotros para hacer el trabajo.

Afirmación: Hoy, elijo practicar gentileza conmigo mismo y con los demás.

Lema: Cuando me entregué a Dios tomé mi vida fuera de las manos de un idiota.

16 de Diciembre

Comodidad

La autoestima y la comodidad van de la mano. No puedes tener uno sin el otro. El nivel de confort que puedo compartir con ustedes depende, en parte, de lo que siento por mí mismo. Para estar a gusto con nosotros mismos tenemos que ser capaces de aceptarnos plenamente, nuestros demonios, nuestros desafíos, nuestras fortalezas y nuestras alegrías. Cuando me siento a gusto conmigo y que se sienta cómodo con usted podemos tener una gran conexión!

Afirmación: Hoy, elijo aprender de mi dolor.

Lema: "Nada es bueno o malo, pero el pensamiento lo hace así." William Shakespeare

17 de Diciembre

Amor

El amor incondicional es el mayor regalo que recibimos en la vida. Comienza con Dios nos esta dando como un regalo. No importa cómo se ve a Dios esto es un regalo. Hay un lugar dentro de nosotros donde Dios mora que podemos aprovechar cada vez que tenemos que hacerlo. El amor es todo lo que hay. El resto es todo ilusión. Si usted se siente menos amaba necesita detener y se consigue volver a conectar a la fuente. El amor es inagotable!

Afirmación: Hoy, me estoy dando energía amorosa a todos.

Lema: Una alegría compartida es doble alegría. Un dolor compartido es la mitad del dolor.

18 de Diciembre

Crecimiento Espiritual

¿Qué hacemos cuando hemos trabajado los 12 pasos? Les trabajamos de nuevo! Es como pelar una cebolla. Las capas de nosotros mismos siguen llegando a revisión. ¿Cuántos pasos cuarto has hecho? ¿Has aprendido algo nuevo acerca de ti mismo en la segunda vez? Sé que lo hiciste! Siempre podemos estar leyendo libros y artículos sobre la espiritualidad. Sólo tenemos que mantener nuestra estructura en su lugar en nuestro programa de recuperación. Nunca nos cansamos de los pasos. Ellos han ayudado a salvar nuestras vidas.

Afirmación: Hoy estoy dispuesto a seguir a alguien más dirección.

Lema: "El sufrimiento porque la vida no puede satisfacer deseos egoístas es como sufrimiento porque un árbol de plátano no produce mangos." Buda

19 de Diciembre

Estrés

El estrés va a ser en su vida. No podemos evitar el estrés. Podemos decidir cómo responder a ella. Nos mantenemos conectados con nuestro Poder Superior y nuestro estrés disminuciones inmensamente. ¿Por qué debemos temer nada? Tenemos la Fuente de Todo como nuestra copia de seguridad! ¿Qué crees? ¿De dónde viene tu esperanza viene? ¿Cómo manejar el estrés? Dar todo a Dios!

Afirmación: Hoy, elijo poner mis decisiones en acción!

Lema: Tenga en cuenta que los resentimientos del mañana se alimentan de las expectativas actuales.

20 de Diciembre

Confianza

Confianza significa tener fe en algo. No podríamos vivir sin la confianza en los demás. Cuando se tiene confianza en la gracia de Dios, que puede hacer frente a cualquier desafío que vienen. Cuando se tiene confianza en el amor de Dios, se puede saber la serenidad y la paz. Usted puede estar en la fe que Dios cuidará de usted si usted está haciendo su parte. Descansa en la presencia de Dios hasta que la energía de Dios fluye a través de ti. Estad quietos, y en esa quietud la voz suave y apacible vendrá. Se habla en el silencio de la mente humana que está escuchando por su respuesta.

Afirmación: Hoy, elijo a escuchar más por la voz tranquila dentro.

Lema: Aunque no somos responsables de nuestra enfermedad, somos responsables de nuestra recuperación.

21 de Diciembre

Gratitud

La gratitud es un estado espiritual de la mente. Crecemos en agradecimiento cada vez que nos dejamos estar agradecidos por cualquier cosa. Cuanto más nos vamos a nuestro espacio gratitud mejor nos sentimos internamente. Venimos de un lugar de amor y no un lugar de miedo. Esto es de vital importancia y es pasado por alto por muchos. Una actitud de gratitud le hará la vida cada vez mejor. ¡Inténtalo ahora!

Afirmación: Hoy, elijo estar agradecido por las oraciones contestadas.

Lema: Ahora puedo despertar y decir "Buenos días a Dios" en lugar de "¡Dios mío la mañana!"

22 de Diciembre

Familia

La familia puede ser una gran bendición por el amor que comparten con nosotros. La familia puede ser una gran bendición porque son disfuncionales y nos han enseñado diferentes formas de ser. Un arma de doble filo en este último comentario de verdad! Si usted tiene una familia donde va a ser doloroso o incómodo estar presente con esta fiesta optar por no ir a los eventos familiares. Usted recuperación es más importante que su decepción.

Afirmación: Hoy, voy a ser conscientes de que los días de fiesta que la gente se destacaron.

Lema: Hay algo extraño acerca de las personas. Ellos van a estar donde quieren estar.

23 de Diciembre

Oración

Hay todo tipo de oraciones. A menudo encontramos que necesitamos más tiempo de oración durante la temporada de vacaciones. El bullicio de la ciudad, el centro comercial, el consumo, los gastos, las partes todos nos han distraído. Hay algunos de nosotros que no tienen a nadie esta temporada de fiestas. Hay algunos de nosotros que son solo en estos días de fiesta. Recordemos a los que no lo hacen de nuevo en las habitaciones. Oremos por fortaleza para nosotros y los demás.

Afirmación: Hoy, voy a pedirle a Dios que me guíe en la dirección correcta.

Lema: La vida es como una piedra de molino. Usted decide si se va a moler abajo o pulir!

24 de Diciembre

Esperanza

Nochebuena es conocido por ser una noche de esperanza en el mundo como los cristianos se preparan para el nacimiento de Jesús. La bendición en todo esto es que los no cristianos pueden celebrar también la esperanza para el mundo también! La esperanza es un componente eterna del Dios dentro de ti. La esperanza de la paz y el amor en el mundo es una gran sensación. Espero que todos podamos intento de salir adelante sin la lucha y la guerra. Espero que nuestro Poder Superior puede llegar a los corazones de las personas y ayudarles a convertirse en parte de la Luz!

Afirmación: Hoy en día, espero que para tener éxito!

Lema: El gran libro es su hoja de ruta. Las reuniones se te llenan estación.

25 de Diciembre

Alegría

Una gran parte del mundo está celebrando la Navidad hoy. Se trata de una alegre celebración del nacimiento de Jesús. Santa Claus viene a visitar a los niños y los renos han viajado por el mundo durante la noche. Más allá de las historias y los mitos es este gran deseo de la gente a unirse en el amor y la paz por un breve momento en el tiempo y se gocen. ¡Alegría! Esa increíble sensación de éxtasis que los ángeles cantan acerca de experimentar es ahora para usted en este día y todos los días, no importa cuál sea su religión.

Afirmación: Hoy, voy a esperar milagros!

Lema: "Nadie puede sentir inferior sin tu consentimiento. Eleanor Roosevelt

26 de Diciembre

Amistad

Parte de la celebración de vacaciones es pasar con amigos y recuerdos que crean. Los amigos son la familia que usted elija. Crear una reunión de vacaciones olla suerte con tus amigos. Las sobras de comidas grandes pueden sumar a un banquete en su suerte olla. El calor de los amigos puede sanar su espíritu, si usted está sufriendo este año. Comparte algunos abrazos y algunas historias. Reír y llorar juntos. Bond, ya que sólo los amigos pueden hacer.

Afirmación: Hoy, voy a estar agradecido por mis amigos.

Lema: Dios tiene un plan para usted y es de tu incumbencia.

27 de Diciembre

Serenidad

¿Es cierto que uno puede encontrar la serenidad en medio de las vacaciones? Sí, es un trabajo interno. ¿Has estado trabajando su programa durante todo el año para llegar allí? ¡Si tu tienes! Es posible hoy en día para sentirse tranquilo y en paz? ¡Sí lo es! Evite situaciones caóticas. Elija dónde usted está socializando con prudencia. Lleva a un amigo a lo largo cuando necesite apoyo. Tener una comida con amigos si la cena con la familia es demasiado. Recuerde autocuidado es importante, especialmente durante esta semana.

Afirmación: Hoy, voy a cuidar de mi niño interno.

Lema: Un Dios define se limita a un Dios.

28 de Diciembre

Confianza

Las vacaciones pueden hacer que la gente muy molesta. Además, producen un montón de recuerdos del pasado que no fueron buenas y los recuerdos que eran geniales, pero, ya no son posibles. Una forma de obtener a través de estos días difíciles es confiar en que el Poder Superior tiene todo bajo control. Ir a algunas reuniones. Vaya donde se siente el apoyo y confías en ti mismo y Dios para que a través. Evite las partes donde el objetivo es conseguir la papelera. Usted sabe que no pertenece allí. Hay un montón de otros eventos donde se puede tener un tiempo maravilloso. Encontrar esos eventos y disfrutar!

Afirmación: Hoy, me abrazan una nueva forma de pensar!

Lema: Dios nos dio dos oídos y una boca. Escucha el doble de lo que hablas!

29 de Diciembre

Complacencia

Consentimiento requiere que estamos abriendo conscientemente nuestros corazones y mentes para crecer y trabajar nuestro programa de recuperación espiritual. Es permitir que el valor de cambiar a suceder dentro de nosotros. Se está pidiendo a nuestro Poder Superior para pedir ayuda en una base diaria. Es realmente sobre el deseo de cambiar nuestras vidas para mejor. La voluntad está diciendo "sí" a la vida!

Afirmación: Hoy, elijo estar dispuesto a dispuesto a dejar que un Poder superior a mí ayúdame a encontrar mi cordura.

Lema: Todas las personas son hecho a sí mismo, sino sólo el éxito va a admitirlo.

30 de Diciembre

Contemplación

Os animo a contemplar el crecimiento espiritual que ha hecho en este último año. Mira dentro y ver dónde se han sentido derrotados y donde se ha sentido un éxito. Observe los picos y los valles. Preste atención a los defectos de carácter que se han desvanecido de la vista. Siente la alegría intrínseca de haber hecho tu vida una vida mejor este año. Piense en la que desea el año que viene en este momento. Tome algunas notas. ¡Seguir adelante!

Afirmación: Hoy, aplique los principios de recuperación en todos mis asuntos.

Lema: Vine, volvió en sí y llegó a creer!

31 de Diciembre

Celebración

El año está llegando a su fin! Es tiempo de celebrar un año de crecimiento y transformación espiritual! Es tiempo de celebrar un año de recuperación! Es el momento de agradecer a nuestro Poder Superior para todos los regalos de este año nos ha dado! Vamos a llenar nuestros corazones con gratitud y alegría, mientras nos preparamos para comenzar un nuevo año!

Afirmación: Hoy, elijo cambiar mi vida y mi voluntad al cuidado de Dios.

Lema: "La mayoría de las personas son tan felices como ella compone sus mentes para ser" Abraham Lincoln

ÍNDICE

Actitud: 1 de Enero, 16 de Enero, 07 de Febrero, 6 de Abril, 11 de Agosto, 13 de Septiembre, 07 de Noviembre,

Equilibrar: 06 de Junio, 06 de Octubre,

Negociación: 5 de Septiembre

Estar Presente: 8 de Julio 06 de Noviembre,

Ser la Derecha: 1 de Noviembre

Crea: 3 de Octubre

Traición: 21 de Octubre

Mente Cuerpo y Espíritu: 18 de Octubre, 02 de Diciembre,

Llegamos a Creer: 2 de Abril

Tomando Cuidado: 15 de Noviembre

Celebración: 31 de Diciembre

Desafíos: 28 de Febrero, 16 de Abril, 16 de Mayo, 7 de Junio, 14 de Agosto,

Cambio: 22 de Julio

Carácter: 08 de Abril, 2 de Mayo

Defectos de Carácter: 13 de Febrero, 17 de Octubre,

Co-Dependencia: 24 de Junio

Compañeros de Incidencias: 30 de Julio,

Comodidad: 23 de Febrero, 21 de Mayo, 21 de Junio, 16 de Diciembre

Compromiso: 12 de Abril, 03 de Mayo,

03 de Junio, 02 de Octubre,

Comunicación: 13 de Julio, 9 de Agosto, 13 de Noviembre, 17 de Noviembre

Compasión: 18 de Enero, 31 de Marzo, 10 de Julio

Compulsión: 1 de Octubre

Confianza: 20 de Diciembre

Resolución de Conflictos: 14 de Diciembre

Consciente Contacto: March 4, 16 de Junio, 16 de Septiembre

Consecuencias: 26 de Septiembre, 14 de Octubre,

Contemplación: 30 de Diciembre

El Contentamiento: 31 de Julio

Coraje: 15 de Enero, 6 de Mayo, 17 de Junio, 27 de Julio

Muerte: 27 de Septiembre

Demostración: 19 de Noviembre

Negación: 25 de Enero, 18 de Marzo, 11 de Abril, 05 de Mayo, 02 de Junio, 9 de Julio

Dependencia: 4 de Diciembre

Depresión: 08 de Febrero, 04 de Noviembre,

Determinación: 1 de Julio, 28 de Octubre

Decepción: 06 de Febrero, 05 de Abril,

Ego: 11 de Diciembre

Estímulo: 25 de Septiembre

Entusiasmo: 6 de Julio

Ejercicio: 09 de Junio, 04 de Septiembre,

Fe: 11 de Enero, 22 de Febrero, 29 de Abril, 30 de Mayo, 16 de Octubre

Familia: 22 de Diciembre

Miedo: 7 de Enero, 27 de Febrero, 8 de Marzo, 29 de Agosto, 24 de Octubre

Sentimientos: 16 de Noviembre,

Llenando el Vacío: 9 de Febrero

Libertad: 4 de Julio, 19 de Octubre

Amistad: 26 de Diciembre

Frustración: 28 deJunio

Perdón: 13 de Enero, 15 de Marzo

Perspectiva Ganando: 02 de Agosto,

Gentileza: 29 de Septiembre

Primeros Stuck: 28 de Mayo

El fondo de C: 25 de Octubre

Gracia: 2 de Julio, 16 de Julio

Gratitud: 2 de Enero, 14 de Febrero 31 de Agosto, 21 de Septiembre 21 de Noviembre, 21 de Diciembre

Pena: 19 de Enero, 24 de Febrero, 01 de Abril, 1 de Mayo, 07 de Junio,

Culpabilidad: 8 de Enero, 14 de Marzo

HALT: 15 de Septiembre

Curación: 3 de Enero, 21 de Marzo, 03 de Abril,

Bottom Golpear: 29 de Junio

Honestidad: 31 de Enero, 23 de Marzo, 20 de Abril, 21 de Agosto,

Honor: 25 de Abril, 05 de Junio,

Esperanza: 10 de Enero, 17 de Marzo, 21 de Abril, 15 de Mayo, 17 de Julio 19 de Septiembre 13 de Octubre, 24 de Diciembre,

Humildad: 5 de Febrero, 16 de Marzo, 05 de Diciembre,

Inspiración: 5 de Marzo, 23 de Agosto

Integridad: 30 de Enero 22 de Mayo, 23 de Septiembre

Intención: 8 de Septiembre

Inseguridad: 12 de Febrero

Aislamiento: 5 de Octubre 06 de Diciembre,

Alegría: 9 de Marzo, 25 de Diciembre

Sólo por hoy: 26 de Abril, 24 de Agosto

Amabilidad: 27 de Enero, 29 de Marzo

La Risa: 28 de Septiembre

Amor: 12 de Enero, 4 de Abril, 30 de Septiembre, 17 de Diciembre

Meditación: 27 de Marzo, 19 de Mayo, 29 de Noviembre

Reuniones: 19 de Febrero, 4 de Junio,

Atención Plena: 11 de May, 26 de Julio, 01 de Agosto, 03 de Septiembre,

Milagros: 26 de Agosto,

Dinero: 14 de Septiembre

Cambios de Humor: 13 de Agosto,

Inventario Moral: 2 de Febrero

Un Día a la Vez: 11 de Junio, 17 de Agosto, 18 de Septiembre

Dolor: 23 de Julio

Paciencia: 22 de Marzo, 27 de Agosto, 12 de Noviembre, 13 de Diciembre,

Presión Social: 19 de Agosto

El Perfeccionismo: 30 de Noviembre

Perseverancia: 20 May, 20 de Noviembre

Reflexión Personal: 03 de Marzo,

Oración: 23 de Enero 12 de Marzo, 10 de Abril, 14 de Junio de 03 de Agosto, 02 de Septiembre 9 de Octubre 31 de Octubre 23 de Diciembre,

Recaída Prevención: 26 de Febrero

Orgullo: 17 de Febrero, 17 de Mayo, 20 de Junio

Prioridades: 23 de Octubre,

Enfermedad Progresiva: 19 de Junio

Promesas: 20 de Febrero, 13 de Marzo, 15 de Abril, 25 de mMayo, 26 de Junio, 15 de Julio, 18 de Agosto, 7 de Septiembre, 11 de Octubre, 9 de Noviembre, 7 de Diciembre, 9 de Diciembre,

Impotencia: 15 Febrero, 22 de Abril, 10 de Mayo, 01 de Junio,

llegar a Ser Util: 19 de Julio

Reconciliación: 22 Septiembre 23 de Noviembre,

Recuperación: 10 de Octubre

Rechazo: 18 de Febrero, 1 de Marzo, 26 de Mayo, 18 de Julio

Recaída: 12 de Septiembre

Relajación: 25 de Junio

Remordimiento: 22 de Octubre

Los Resentimientos: 04 de Enero,

Responsabilidad: 18 de Junio, 03 de Noviembre,

Resto: 4 de Abril, 10 de Junio

Sabotaje: 15 de Junio, 06 de Agosto, 09 de Septiembre,

Programación: 11 de Septiembre

Autocuidado: 29 de Enero, 16 de Febrero, 2 de Marzo 28 de Marzo, 13 de Abril, 5 de Julio, 30 de Agosto

Autoestima: 20 Enero, 10 de Diciembre

Egoísmo: 10 de Septiembre

Serenidad: 9 de Enero, 21 de Febrero, 10 de Marzo, 17 de Abril, 23 de Mayo, 31 de Mayo, 30 de Junio, 8 de Noviembre, 15 de Diciembre, 27 de Diciembre

Servicio: 24 de Enero, 08 de Octubre,

Egoísmo: 21 de Julio

Vergüenza: 5 de Enero 10 de Agosto, 16 de Agosto

Deficiencias: 19 de Abril, 29 de Mayo,

Silencio: 12 de Julio

Crecimiento Espiritual: 27 de Octubre, 10 de Noviembre, 22 de Noviembre, 18 de Diciembre,

Patrocinadores: 20 de Julio,

Estabilidad: 30 de Marzo

Pasos: Enero de 26 (Uno), 3 de Febrero (Dos), 26 de Marzo (Tres), 30 de Abril (Cuatro), 7 de Mayo (Cinco), 27 de Junio (Seis), 29 de Julio (Siete), 17 de Septiembre (Ocho),15 de Agosto (Ocho), Agosto (Nueve), 21 de Septiembre (Diez), 11 de Noviembre (Once), 8 de Diciembre (Doce),

Fuerza: 22 de Enero, 25 de Febrero, 20 de Marzo,

Pensamiento apesta: 8 de Mayo

Estrés: 28 de Agosto, 19 de Diciembre

Escollos: 1 de Febrero, 11 de Marzo, 1 de Diciembre,

Éxito: 26 de Octubre

Sufrimiento: 24 de Julio

Surrender: 29 de Octubre, 05 de Noviembre,

Consideración: 28 de Julio

Tolerancia: 10 de Febrero, 09 de Abril,

Transformación: 14 Mayo, 14 de Julio

Confianza: 21 de Enero, 19 de Marzo, 18 de Abril 27, 22 de Junio, 22 de Agosto, 24 de Septiembre 7, 20 de Diciembre, 28 de Diciembre

Violencia: 28 de Noviembre

Vulnerabilidad: 18 May, 12 de Junio

Sabiduría: 11 de Febrero

Heridas: 25 de Marzo

Preocupación: 28 de Enero, 7 de Abril, 13 de Mayo,
05 de Agosto,

www.ingramcontent.com/pod-product-compliance
Lightning Source LLC
Chambersburg PA
CBHW071327280526
45787CB00001B/15